歴史との対話

―現代福祉の源流を探る―

監修・著者　西尾 祐吾・塚口 伍喜夫
編著者　川崎 順子・辻尾 朋子・荻田 藍子

大学教育出版

はじめに

私たちは今少子高齢化や家族の多様化、地震や水害による被害、孤独化、子どもの貧困、認知症高齢者の増加、労働者減少、グローバル化などさまざま問題に直面しています。抱える福祉ニーズは多様化・深刻化し増えていく一方です。既存の制度・サービスだけでは、制度と制度やサービスとサービスの狭間に落ちてしまう人が多く、対応することが難しくなってきています。

社会福祉の活動は、常に制度や公的活動が先にあってスタートするものではなく、先人によって開拓され、常に実践の中で発展し方向づけられてきました。先人は行政より先に、さまざまな生活の苦しみに悩む人々と向き合い、共に生きることに、自らの使命感と情熱を燃やしてきたという歴史があります。

今ある制度に当てはめるだけでは、課題の解決につながりません。制度にとらわれず、社会福祉のサービスを受ける側に立ち、その人たちと向き合って必要な資源を開発し社会変革を促すことが、多くの福祉課題を抱えた今の時代に求められていると感じます。

社会福祉を考えるためには、制度だけではすべてが見えてきません。社会的思想にも大きく左右されてきました。時代の流れや人々の生活、受け継がれる歴史と、社会的思想などを合わせて見ていくことで、制度やサービスの成り立ちが見えてきます。新たな時代の福祉課題に取り組むために、改めて先人の実践を知り考えることを通して、歴史から学ぶ意味について改めて考えてみてほしいと思います。

編者　川崎　順子
辻尾　朋子
荻田　藍子

歴史との対話
―現代福祉の源流を探る―

目次

二．英国・米国の先人たち　114

序章

社会福祉における歴史学習の重要性

一・なぜ、社会福祉学習において歴史が軽視されるようになったのか

筆者は、社会福祉を理解するには、その歴史を学ぶ必要があると考えている。しかし、世間では、社会福祉を理解するには、歴史など学ぶ必要などなく、現行の制度さえ知っておけば足りると考えている人が少なくない。

なぜ、このような近視眼的考えが広がったのであろうか。そのひとつは、社会福祉士の国家試験に原因があると我々は思っている。最近の社会福祉士の試験問題には原論に関する問題はほとんど登場しなくなった。厚生労働省は、社会福祉士には社会福祉の原論の知識は不要であると思っているらしい。この場合の原論とは、おおまかに言って、社会福祉士に関する哲学と歴史と制度に関する基本的な考え方の三部門からなっていると考えられている。ところが、最近の国家試験問題には、福祉の哲学や歴史に関する問題は抜け落ちている。

このような考え方が、どこから生まれてきたのであろうか。

(一) 厚生労働省が医療と福祉を合わせて所管している制度的問題

ひとつは、厚生労働省が管轄している医師、看護師、保健師、助産師などの国家試験問題には、歴史はまったく登場しない。なぜそうなったのか。たとえば、医学では、近世まで医療の手法として、病人の血液を抜いていた。瀉血《しゃけつ》である。現代では特定少数の疾病以外では病人の血を抜くなど考えられない。しかし、長い間、瀉血が医療に占めていた地位は動かしがたい。エジプトからギリシャ時代を経て近代まで、二〇〇〇年以上もの間、熱でも下痢でも伝染病でも、どんな病気でも瀉血の効能を信じていた。信じていたのは民衆だけでなく、まともな医師も瀉血の効用を信じていた。初代のアメリカ大統領のジョージ・ワシントンや有名な作曲家であるモーツァルトも血の抜き過ぎで死亡

したといわれている。現代では瀉血には医学的根拠がないと広く認識されている。その他にも、医学の常識は絶えず覆され、医療の歴史は現代の医療の参考にならない。

厚生労働省は、このように歴史が役に立たない医療にまつわる諸資格と歴史を知らなければ、現行の諸制度を理解できない社会福祉に関する資格とを混同しているのではないかと思われる。社会福祉は単に制度を運用する技術ではない。社会福祉はそれぞれの時代において、恵まれない人びとに寄り添い、激励し、援助する人間の心からでた営みである。ソーシャルワークは単なる技術ではなく、社会的、歴史的背景を備えた人間営為である。ソーシャルワークにとって、医療や看護は、有力な社会資源ではあるが、その価値は大きく異なる。

(二)　ソーシャルワーカーの資格が国家試験であることの問題

ふたつには、社会福祉士資格が国家試験であるゆえの限界が存在すると思われる。社会福祉の手法には、マクロ、メゾ、ミクロの領域があり、この三者がバランスよく配置され、発展しなければ、国民の福祉は守られない。したがって、ソーシャルワーカーは、マクロ、メゾ、ミクロの三領域をバランスよく学習しなければならない。ソーシャルワークは単に対人援助を担うミクロな側面だけではない。

しかるに社会福祉士の現在の国家試験は社会福祉の営みを、ミクロの領域に閉じ込め、矮小化しようとしているという批判に堪え得るであろうか。

社会福祉の実践には、なぜ、困っている人（people in need）を助けるのか、明確に意識される必要がある。また、時代と社会によって困っている人の実像は様々である。

なぜ、援助を必要とする人びとが生まれるのか、社会的視点を持たずしては理解できない。また、社会福祉に限らず、社会制度は法制化された瞬間から老化が始まり、時代遅れになる宿命があるといわれている。したがって、現行の制度が十分機能しているかについて、常に検証を怠ってはならない。また、制度が不備であったり、制度と制度との隙間が無視できなかったりするのは、社会福祉に携わる者がしばしば経験する事態である。制度が不備であったり、制度間の間隙が認められる場合には、ソーシャルワーカーは制度の改善に無関心であってはならない。ソーシャルアクションが求められる所以である。この点は、各国のソーシャルワーカーの倫理綱領にも規定がある。しかし、ソーシャルアクションは、場合によっては、政府や中央官庁に対する批判と受け止められるであろう。ソーシャルワークをミクロの領域に閉じ込めることによって、政府や中央官庁に対する批判を避けることができる。

さらに大切な視点として、新しい社会問題にはまず社会福祉が取り組むのであって、社会福祉の歴史は常に開拓的試みであったことを忘れてはならない。

ソーシャルワークは医療や看護とは異なり、国家資格であることの問題が避けられない。わが国では、なにごともお上（政府）のお墨付きを有り難がる風潮があるが、ことソーシャルワークについては、当てはまらないのではないか。

ちなみに、アメリカやイギリスのソーシャルワーカーの資格が民間資格であることは周知の事実である。

二．なぜ、社会福祉学習に歴史が欠かせないのか

（一）過去を知らない者は現在と未来を理解できない

いかなる社会制度も、現行の制度があるのは、長い歴史の上に築かれたもので、成功も失敗も含めて過去を知る必要がある。たとえば、生活保護法は、一八七四（明治七）年の恤救規則にその淵源がある。この恤救規則は、国民の隣保相扶を前提とし、制限が多く、適用され扶助を受けられたのは、一万人に一人程度で、実質的な意味は希薄で

あった。なぜ、そのように厳しい内容であったのか。やはり、富国強兵政策にひた走る明治政府にとって、福祉に関する支出はできるだけ避けたかったのであろう。さらに、この厳しい態度は、イギリスの改正救貧法と関係があるというのが定説である。明治の元勲たちが欧米を視察した時、あたかも、イギリスでは改正救貧法が施行された直後であり、救貧政策が引き締められた時代の厳しい救貧法の運用を見て、恤救規則を制定したといわれている。恤救規則はわが国の国内法であるにもかかわらず、外国（イギリス）の影響を受けていたのである。

以後、明治時代を通じて数次にわたって、近代的な救貧法案が議会に提出されたが、いずれもその都度否決されている。

一九二九（昭和四）年に成立した救護法において初めて国の責任が明記されたが、国民の主体的な保護請求権はなく、国民の受給権は国家責任の反射的権利にすぎないと、定められた。

反射的利益とは、国の責任が明記されたもので、その規定を反射する意味で、国民に権利があると解釈されたのである。また、救護法にはいくつかの欠格条項があり、真に近代的な救貧法とは言いがたいものであった。そのような法律であったにもかかわらず、財政難を理由にその施行に際しては、方面委員の活躍がめざましく、かつ財界人である渋沢栄一の貢献も大きかった。

第二次世界大戦、占領軍の強力な指導によって生活保護法が制定され、国民の受給権が確立したが、明治時代以来の長い歴史のうえに、現行生活保護法があることを理解し、生活保護法が国民の生存権を守る最後の砦であることを忘れずに、その運用に従事しなければならない。

また、オクタヴィア・ヒルやトインビー・ホールで活躍したバーネット夫妻の実績は現代にも通ずる意味を持っている。当時はまだそのような言葉も概念もなかったが、下層階級の「貧困文化」が下層階級の生活水準を低く固定しているメカニズムに気づき、貧困文化の克服に努力した。この場合の貧困文化とは、貧困層の日常的な生活様式を指している。貧困層では、希望を持ちにくく、生活がその日暮らしであり、将来展望を描きにくい状態をいう。中産階層では、将来展望を持ち、努力を重ねて自己の向上を図るのであり、成功事例も身近にあり、それをモデルとして励むのであるが、貧困層の住む地域では成功モデルも見いだしがたく、生活の計画性が乏しくなってしまう。

ヒルは、貧困層に中産階層の価値観や文化を伝え、下層階級の生活苦を改善しようと努めた。貧困文化という概念や言葉がなかった時代にあって、ヒルやバーネット夫妻は、一〇〇年近くも以前に貧困文化について、貧困の社会経済的要因を、個人的要因にすりかえるもので、貧困の正しい認識を妨げるという批判もあるが、福祉の現場で働いてみれば、貧困文化は生きているという感じが強い。

（二）歴史の学習とは、福祉の先覚者と対話することである

わが国でも、社会福祉の発達は先覚者の透徹した先見性と、血の滲むような辛苦の上に築かれてきた。多くの先覚者、たとえば留岡幸助や石井十次の名をあげるまでもなく、彼らは厳しい社会情勢の中で、使命感に突き動かされ、大変な努力と苦労の末、輝かしい功績を後世に残すことができた。

たとえば、石井十次は明治時代に東北地方を地震と津波が襲った時、また、大変な凶作の時には、大量発生した孤児を後先のことも考えずに連れ帰り、養育した。当時は児童福祉法もなく、公的な支援はまったく期待できない状況の中で、石井十次は信仰と使命感で行動した。それは「やむにやまれぬ」行動であった。もし、石井十次が現在生きていれば、二〇一一（平成二三）年に起きた東日本の地震・津波のような災害の時に、どのような行動をとったであろうか。そこで、私たちは、石井十次が現存するものとして、石井十次と対話するのである。そうすれば石井十次は私たちに勇気と使命感を与えてくれるのではないだろうか。なお、一八九六（明治二九）年の津波では、一〇メート

ルの津波が来襲したのに、東日本地震・津波で高さ一〇メートルの津波が想定外というのは、私たち日本人はあまりにも歴史に学ばない国民ではないかといわれてもしょうがない。

もうひとつ、現代の日本に共通する課題として、児童養護における小舎制（COTTAGE SYSTEM）の産みの母ともいえるジョン・バーナードを思い出してみよう。石井十次はバーナードからきわめて大きな影響を受けたといっている。

その頃の孤児院は大舎制（BARRACK SYSTEM）で、大勢の児童が大きな建物に収容され、まるで兵営のような環境で育てられていた。なお、BARRACKとは兵営の意味である。当時のイギリスで、孤児院などの集団養育の場で育てられた児童、とりわけ女子児童について、バーナードは危惧を抱いていた。集団養育の場で育った女子児童は家事管理の教育を受けた経験がなく、母親のモデルもない環境で、女子児童が家庭管理者として必要な知識、技能を身につけずに、社会に出て行くことを不安な気持ちを持って眺めていたのであった。

大舎制の児童養護施設には、児童の世話をする男女の職員は配置されているが、母親のモデルも父親のモデルも用意されていない。

児童養護施設で成長した若者は家族に恵まれず、寂しいので、早く家庭を形成する傾向がある。しかし、母親として教育と訓練を受けずに母親となっても、家事や育児などの家庭管理に関する知識不十分で、家庭が安定しない。基礎工事が不十分な上に家屋を建てたようなものである。

現在のわが国でも事情はまったく同じで、乳児院や児童養護施設で育った人の子どもが、家庭の崩壊に直面して乳児院や養護施設に入所する例は少なくない。

そこで、バーナードは、二〇名以内の二歳から一七歳までの女子児童を一つの家庭形式の施設に入所させて、児童指導員を父親代わり、保育士を母親代わりにし、疑似家庭を編成し、年長の女子児童に家事、育児を手伝わせ、家事と家庭管理の経験を積ませ、母親、主婦としての自信を持たせ、社会へ送り出したのである。

この課題は、現在の我が国の乳児院、児童養護施設にとって、現在も避けられない大きな問題である。

(三) 歴史学者がソーシャルワーカーのアイデンティティを育む

歴史を学び、先覚者と対話することによって、ソーシャルワーカーとしてのアイデンティティを身につけるのである。

アイデンティティの日本語訳としては同一性、主体性、自己確認、帰属意識、居場所など多様であるが、要するに、自分は何者であるかという意識である。私たちが社会福祉を学習することは、多くの場合、ソーシャルワーカーとなって、福祉の仕事に従事することを目ざしているであろう。

アイデンティティはソーシャルワーカーに自信と使命感を与えてくれる。

ソーシャルワーカーには、よい意味で権威が必要である。クライエントの理解と信頼を勝ち取るには、高度な知識、技術が求められる。それらが基盤となって、ソーシャルワーカーとクライエントの間にラポールが成立するからである。

このソーシャルワーカーの権威を裏打ちし、仕事に自信を持てるようになるには、ソーシャルワーカーとしてのアイデンティティをしっかりもつ必要がある。それには、社会福祉の歴史を学び、先人たちと対話できて初めて可能になるのである。

(四)　福祉国家の歴史とともに歩むソーシャルワーカー

また、「ソーシャルワーカーは福祉国家の兵士である」という言葉がある。福祉国家は制度だけで成り立つものではない。制度を動かすソーシャルワーカーがいなければ、せっかくの福祉国家も絵にかいた餅になってしまう。ソーシャルワーカーは福祉国家の歴史を踏まえ、福祉国家の将来を見据え、ソーシャルワーカーとしてのアイデンティティを持ち、制度の精神を生かし、複雑な制度を自由に活用して、広範囲な知識と優れたスキルを縦横に駆使して困難に陥っている人を援助するのである。そして福祉国家を守る責務がある。

そのため福祉国家を支えるソーシャルワーカーは、福祉国家の生成過程、すなわち福祉国家の歴史と、理念を理解する必要があるのは当然である。

第一章

社会福祉の歴史を辿ろう

一．日本の歴史から

人民救済事業、慈善事業、社会事業、社会福祉と、現代視点でいう「社会福祉」の日本における歴史をこの節では概括することとする。今日の日本の社会福祉は、古代国家の時代から始まった人民救済の事業に端を発し、長い歴史を通して現代に至っている。

（一）古代国家と救済事業

① 四ケ院の設立

日本における救済事業の始まりは、古代、聖徳太子（五七四～六二二）による四ケ院の設立と言われている。すなわち、

・悲田院（窮貧者、孤児の収容を行い救済した）
・療病院（窮貧者で病にかかったものの施療・救済）
・施薬院（貧窮病者への施薬）
・敬田院（仏教的教化事業）

と言われている。

（註）聖徳太子については、歴史学者　小林恵子氏は『国民の知らない歴史』（二〇〇一年／ワニ文庫）で次のように記述している。聖徳太子という呼称は実は『書記』には見られないのである。『書記』では厩戸皇子《うまやどのおうじ》とか、皇太子《ひつぎのみこ》などとあ

る。彼が聖徳太子という名で一般に定着するのは、平安時代初期の『聖徳太子伝補闕記（八〇〇年頃成立）』あたりからといわれている。

②　大化の改新と民衆の暮らし

その後の大化の改新（六四五）では、天皇の権威を絶対化しその権力を集中し、公地公民制をしいた。農民の負担は、**租**（一段あたり二束二把、これは収穫量の三～五パーセントにあたる）、**庸**（布）、**調**（絹、綿）、**労役**（平城京、東大寺の造営への狩出し）の負担が重く貧困にあえぎ疲弊した。特に労役は兵役、仕丁、歳役、雇役運脚、雑役などが課され、それに狩り出された人々は故郷に帰るに際し食料が絶え、道路に飢えるものが多かったと言われている。さらに、飢饉、疫病、天災地変による凶作が農民の窮乏化に拍車をかけた。七三七（天平九）年の疫瘡では百姓が相次いで死した。天災地変に備えた備蓄の出挙は、被災民に回ることはなく、国郡司、里長の私腹を肥やすこととなったと言われている。

山上憶良の貧窮問答歌は困窮した民衆の状況を次のように詠っている。

「風雑じり　雨降る夜の雨雑じり　雪降る夜は術もなく　寒くしあらば堅塩を　取りつづしろい粕湯酒」

③　救済の対象

令《りょう》義解《のぎげ》（日本古代国家の基本法）の戸令では、救済の前提として「近親者が面倒を見よ」次は「坊でみよ」それができない場合は救済をすると規定し、次のように救済対象を決めていた。

鰥（六一歳以上で妻のないもの）

寡（五〇歳以上で夫のないもの）

孤（一六歳以下で父のないもの）
独（六一歳以上で子のないもの）
貧窮（六六歳以上で養うもののないもの）
疾（家族のいない病人）

施薬院、悲田院がその後興福寺に設置され（七二三（養老七）年）のちに平安京に移された。その運営は延喜式（禁中の制度　九二七年）に詳しく規定されている。

④　僧侶の活躍

古代の救済事業で特筆すべきは僧侶の活躍であろう。

僧・行基（六六八〜七四九）は、民衆教化に力を入れ、知識集団を組織して四九院の創設を行い、布施屋の設置に力を入れた（布施屋とは、労役に狩り出された民が、労役先から帰郷する際に、疲労と空腹のため行倒れになることが多かった。これらの行き倒れの民衆を救済するための施設）。その他、池、溝、橋の開発・設置などにも力を入れたとされる。

鑑真和尚は七五三（天平勝宝五）年に来日し、唐招提寺を建立した。また、医心方（医学全書・三三巻）を持ち込み医療の普及に努めたとされている。

(二)　前期封建社会

前期封建社会とは、鎌倉、室町、安土、桃山時代の一一八〇年ごろから一五九五年間の四〇〇年間をいう。前期封建時代は、その後の江戸幕藩体制下の後期封建社会と区別した。

①　農民の救貧化と身分制度の固定化

鎌倉期頃からは社会構成が武士、農民、商工業者、被差別身分階層（雑人、穢多非人）となっていたが、そのなかで支配階級を支えたのは主として農民であった。その農民は、ア．荘園領主に対しては年貢、公事、賦役などの負担が課せられ、イ．地頭に対する賦役、ウ．地主に対する地代、エ．国に対しては伊勢大神宮や東大寺造営などの徴税があり、農民の貧窮は極度に深まり、子女の人身売買、離散者の増加、遊女、浮浪者、乞食などへの転落者が増えた。

②　誰が救済に当たったか

当時の救済は、基本的には荘園内での救済が中心であった。例えば、北条泰時は伊豆の飢民に米を貸与したなどである。

また、仏教による救済が盛んに行われた。主だった仏教および僧侶による救済の事例を拾ってみると、

重源（一一二〇～一二〇六年）は、鎌倉初期の浄土宗の僧侶で、囚人保護、架橋、東大寺再建に際しての湯屋（布施屋のようなもの）の設置などを行い民衆を救済した。

叡尊（一二〇一～一二九〇年）は、鎌倉中期の僧侶で、囚人保護、非人救済、遊女教化、飢餓民救済などを行ったとされる。

忍性（一二一七～一三〇三年）は叡尊に師事した。鎌倉に極楽寺を建立すると、そこに悲田院、療病院、敬田院、福田院、薬湯寮、癩病院を設けた。その他の救済活動は架橋、開道、義井、殺生禁断地の設置などを行った。

法然（一一三三～一二一二年）は、平安末期の戦乱による敗者の子女の救済、度重なる飢饉により遊女たちが

各地に群れた。播磨の室の津、摂津の神崎などがその代表的な場所である。法然は、彼らの悲惨の極みである死（念仏往生）を安らかなものにしようとした。

親鸞（一一七三～一二六二年）は、慈悲の三縁（一つに「衆生縁、これ小悲なり、二つに法縁、これ中悲なり、三つに無縁、これ大悲なり」）とした。親鸞はこの大悲は絶対の慈悲であると説いた。

（註）慈＝友愛、悲＝他者の苦に同情してこれを救済しようとする思いやり

道元（一二〇〇～一二五三年）は、完喜二～三年（一二三〇～一二三一年）の大飢饉、仁治二年（一二四一年）の鎌倉大地震、加えて戦乱による窮民が郡都に満ち、死屍累々の末世の様相を呈する社会の中で、捨（貧学道、特に、捨身学道である）、これらは、徹底的に現実に身を没してその底に死する。つまり、衆生とともに生き、衆生とともに歩むというものではなかったかと考えられる。

この時期の民衆救済は、僧侶の活動に負うところが大きい。行政組織は形骸化し、民衆救済にまでは手が回らなかったといえよう。

③ 隣保制度の萌芽

この時期に生まれた「四隣・五保」は、一部落を保とし、その部落内の道路・水路の修繕、部落内の治安、失踪者の租税代納などの互助共済を目的とした仕組みであった。

一七世紀になると治安維持、相互扶助、意思伝達機関となり、江戸幕藩体制時代の五人組制度へと連なっていく。特に、鎌倉時代には経済的な相互扶助組織として頼母子講、無尽講などが盛んになっていった。

④ キリスト教の慈善救済活動

キリスト教の伝来から慈善救済活動が始まった。フランシスコ・ザビエル（Francisco de Xavier/1506～

1552）とルイス・デ・アルメイダ（Luis de Almeida/1525～1583）などが宣教師として来日した。ザビエルは一五四九（天文一八）年ジェスイット派の宣教師として来日し、約三ケ年間滞日した。布教のかたわら豊後府内の城主大友宗麟（一五三〇～一五八七）に慈善救済の必要を訴え、長崎、大分、山口、京都、堺等において窮老、孤児、難民などを救済した。

ルイス・デ・アルメイダは、ポルトガルの商人で一五五五（弘治元）年に来日し、私財を投じて孤児院、療病院などを開設し、西洋医学を伝えたとされている。

（三）後期封建社会（江戸時代）

江戸時代とは、徳川家康が関ヶ原の戦で豊臣氏を倒して天下を握った一六〇〇（慶長五）年、もしくは、家康が征夷大将軍に任じられて江戸に幕府を開いた一六〇三（慶長八）年から一五代将軍徳川慶喜が大政奉還し将軍を辞職した一八六七（慶應三）年に至るまでをいう（『日本史小事典／二〇〇一年／山川出版社』より引用）。

①　江戸時代の人口と農民の状況

一七二一（享保六）年の日本の人口は約二六〇〇万人、一七八六（天明六）年の人口は二五〇〇万人と減少している。当時は八割が農民であった。その農民に対する江戸幕府の施政方針は、「農は納なり」「生きぬように死なぬように」「財の余らぬように且不足なきように」という過酷なものであった。

農民でも、本百姓はともかく、一般の百姓と水飲み百姓は窮乏化した。それは、過酷な租税負担、「胡麻の油と百姓は絞れば絞るほど出るものなり」「郷村の百姓どもは死なぬように生きぬようにと合点いたせ」といった農政であったといわれている。この過酷な状況を逃れた農民が都市に流入し、その多くは日雇い、人足、雑役人、零細職人、無頼の徒、浮浪者、乞食等の下層民となった。

② 天災の連続

江戸時代は、天災が連続したといわれている。主な天災の状況を見ると、

・一七三二（享保一七）年は飢民が二六〇万人出たといわれている。

・一七八二（天明二）年の天明の飢饉では、津軽だけでも餓死者一〇万人、人肉相食む状況だったと記録されている。

・一八三三〜一八三六（天保四〜七）年の天保の飢饉では、冷害、洪水、大風雨が連続、不作が加わり米価が高騰、大飢饉となった。農村では農民が困窮、離散し奥羽を中心に多くの餓死者が出たといわれている。

このように連続した天災は先にみたように人口の減少にもつながった。

③ 幕府の救済策

幕府の救済策は江戸府内に限られた。他は、各藩がそれぞれの救済策を講じた。

幕府の救済策としては、一七九二（寛政四）年に設立された**窮民御救起立**を挙げることができる。

その対象は、

ア．七〇歳以上で夫または妻と別れ、手足不自由で養われるべき子もなく飢に及ぶもの

イ．一〇歳以下で父母に分かれ後見人のないもの

ウ．若年であっても、貧しくて長患いのもの

で、これらを町役人が調査し、米を給付した。

（註）町役人は町名主ともいう。町役人は、町政全般の業務に従事するほか、町の意思を上申する役割も担った。京都、大坂の町年寄り、金沢の肝煎り、仙台の検断など呼称は地域により異なった。

また、幕府は救療にも一定の施策を講じた。八代将軍吉宗は、町医・小川笙船の建議をうけて**小石川療養所**を

設置した（一七二二（享保七）年）。ここでは、伝染病者への施薬救療、貧病者への救療を行った。

将軍家斉は、長谷川平蔵に命じて人足寄場・小石川授産所を設置したとされている（一七九〇（寛政二）年）。

④ 藩の救済

幕府の救済は、江戸府内に限られ、地方の救済は各藩において行われた。顕著なものを紹介すると、

・**岡山藩**では、藩主池田光政（一六〇九～一六八二年）が農業改革、天災飢饉時の救済、学問・文化の興隆に意を用いた。

・**金沢藩**では、藩主前田綱紀（一六四三～一七二四年）が金沢郊外に非人小屋を設けて救助と授産を図った。

・米沢藩では、藩主上杉治憲（鷹山）（一七五一～一八二二年）が凶作に備えて「社倉」を充実し、天明飢饉にも餓死者を出さなかった。また、養蚕、植林、殖産に力を尽くした。

⑤ 民間の救済

幕府、藩における救済のほかに、民間人による救済もあった。

・車善七や松右衛門などによって「**非人留**」が設けられ（一六八七（貞享四）年）、幕府より手当てを受けて非人乞食、無宿貧民、放免囚、病囚などを預かり世話をした。

・江戸城下町の拡大とともに貧困の非人、乞食などが増えた。こうしたことを背景に、江戸城下町の端にある深川に、一七八〇（安永九）年牧野成賢により、府内の穢多、非人、物貰い、薦被り、非人坊主の幼者を養育する目的で六万坪の空地に大規模な**無宿養育所**が建てられた。

⑥ 隣保相扶の制度化

隣保の原型である五人組制度が行政の末端組織として全国的な規模で実施されたのは一六三〇年頃とされている。この制度は、生活や労働の共同を促し、農耕と貢納の連帯責任を取らせるためのものであった。五人組制度は、

また、棄児養育、飢饉などの際の合力、困窮者への救合などの役割を負った。

⑦　**江戸における町会所による救済**

町会所救済は、老中松平定信が指導して実現した。救済の財源は、町入用（持ち家の表間口の間数に応じて割当てた一種の住民税）節減分の七割の積み金（毎年二～三万両）と幕府の下付金（初年度一万両のみ）であった。救済の内容は、㊀定式御救（年間数千人を町名主の申告により救済する）、㊁臨時御救（町方人口の二分の一程度の二ケ月分の米を確保し、火事、風水害、飢饉などの事態に備えた）、㊂「貸付制度」（中流以上の町人への金融と下層地主への生活支援に貸付けた）。

⑧　**大坂における町方施行**

町方施行とは、仏教における作善としての救済の意味を持つ。その原資は、市内一万二〇〇〇人の持ち家層の拠出による。

（註）当時の大坂の町方人口は四二万人。そのうち、家持は一万二〇〇〇人ほどで、それ以外は借家人などの下層民であったと推測される。

その拠出の総額は八〇〇〇両を超え、大坂の町方行政を司る惣年寄り、町年寄りによって生活困窮者に分配された。

⑨　**儒学者の救済観**

儒学者の救済論は、「救貧より防貧」「家族制度の重視」「村落共同体の救済」を重視した。例えば、**荻生徂徠**（一六六六～一七二八年）は鰥寡孤独の救済を強く主張した。また、**貝原益軒**（一六三〇～一八五九年）は、「救恤救済は人類の責務」「救済の実行は血縁地縁で行うべし」などと主張した。

その他、**本多利明**（一七四三～一八二〇年）は、経世思想家でもあったが、フランスの防貧制度の紹介や間引き防止の養育制度などを主張。**佐藤信淵**（一七六九～一八五〇年）は堕胎防止や飢饉時の窮民救済について発言。

大塩平八郎（一七九三〜一八三七年）は、天保大飢饉の際、窮民を救済するため私財を投じ、町奉行にも善処を求めたが聞き入れられず、同志を集め武力行動で米を奪い貧民に分配しようとしたが、計画が漏れて鎮圧された（大塩平八郎の乱）。

この当時、救済対象の多くは農村地方で出現し、それが向都し下層貧民となった。そこで幕府は五人組制度を強化して農村崩壊を食い止めようとした。同時に五人組制度を納税確保と相互扶助の組織としても機能させた。

（四）近世（明治、大正、昭和初期＝第二次世界大戦終戦まで）

封建社会から近世への転換は一種の革命といえた。二六五年間続いた江戸幕府が倒壊し新しく明治維新を迎えた。一八六九（明治二）年には藩籍奉還が行われ幕藩体制に終止符が打たれた。一八七一（明治四）年には廃藩置県が実施された。

《明治時代》

①　社会の変貌

ア．武士階級が解体し、一般には、上級武士は企業主に、下級武士は身分的特権が解体され労働者階級、無産階級に転落した。

イ．農民も田畑の地租改正により金納となり、不作、凶作、滞納などから土地を失い小作農民や出稼ぎ日雇い階級に陥った。

ウ．一般の商工業者も「紙幣改革」などにより物価騰貴や価格変動が重なり窮乏化するものが多かった。

②　富国強兵策と恤救規則

明治政府は列強に伍することを目標に富国強兵策を推進した。そうした国策での救済対象は「憐れむべきもの」とされた。その「憐れむべきもの」を救済するため一八七四（明治七）年恤救規則が設けられた。この恤救規則は今日でいう生活保護制度の原型というべきものであった。

この恤救規則の基本理念は「人民相互の情誼」で助け合うことにおいた。憐れむべき「無告の窮民」への救済は微々たるものであった。

（エピソード）

岩倉具視使節団は、明治四～五年にかけてロンドンを視察していた。ロンドンのスラム街をみて、これは「悪魔の巣窟」だと思った。そこで出した結論は「救貧は程々にすべし」というものであった。帰国後の明治七年に恤救規則を作ったが、この規則での救済は「ほどほど」の程度にした。（出典不明）

③　慈善事業の発生

恤救規則での救済は微々たるものであったことも反映して、民間人による慈善事業が起こった。主なものを列記してみると、

・**ラクロット**（Mere Ste Mathilde Roclot）横浜のカトリック修道女（一八一四～一九一一年）で、日本で最も古い児童施設（慈仁堂）を設立した。

・**石井亮一**（一八六七～一九三七年）は、立教女学校教頭の職を辞して孤児救済に当たった。孤女園を設立した。

・**石井十次**（一八八七年）岡山孤児院を設立。後、宮崎県茶臼原に家庭的雰囲気の里親村を建設した。

・佐々木五三郎（一九〇二年）は、石井十次の影響を受け青森県弘前市で東北育児園を開設。

④ 工業発展と過酷な労働

一八八〇（明治一三）年～一八九〇（明治二三）年は、紡績を中心とした工業発展の時期であった。当時の労働者数三八万八〇〇〇人のうち、繊維産業労働者が六一パーセント、その大半が女性労働者であった。通常一日一五～一八時間の長時間労働のため労働者の多くが健康を害し（肺結核）農村へ帰った。そのため農村では肺結核が蔓延し、強い兵隊の補給もままならなくなった。

（註）農商務省の「工業衛生調査」によると、「工場の過重労働が、農村から流れ出てくる新鮮な労力を一年ないし二年で食いつぶしていく」と指摘している。

この様子は、『女工哀史』（細井和喜蔵／一九二五年）、『日本の下層社会』（横山源之助／一八九九年）に詳しい。

⑤ 中央慈善協会の発足

日本における慈善事業の組織化は一八九〇年代にはじまった。産業発展に伴って都市における貧困層の広がり、濃尾大地震　一八九一（明治二四）年、日清戦争後の恐慌、東北地方の凶作などへの対応を通して慈善事業関係者の連携が徐々に進展した。組織化の始まりは留岡幸助、窪田静太郎らによる貧民研究会（一九〇〇（明治三三）年）であると言われている。一九〇三（明治三六）年、大阪で全国の慈善事業関係者二〇〇人が集まり、第一回全国慈善大会が開催され、日本慈善同盟会の創設が決議された。その後こうした動きを背景に一九〇八（明治四一）年に中央慈善協会が設立された。

中央慈善協会発足当時の役員

会長　男爵　渋沢栄一
顧問　子爵　清浦奎吾
幹事長　久米金弥
幹事　井上友一
幹事　中川　望
幹事　安達憲忠
幹事　原　胤昭
幹事　窪田静太郎
幹事　清野長太郎
幹事　留岡幸助
幹事　桑田熊蔵

⑥　セツルメント活動

日本ではこの時期、セツルメント活動が起こった。

・岡山博愛会（一八九一（明治二四）年）は、アメリカ人宣教師アリス・P・アダムスにより設立された。

・キングスレー館（一八九七（明治三〇）年）は片山潜により東京神田三崎町に開設された。キングスレー館の活動は、青年クラブ、幼稚園の開設、社会問題講演、市民夜学校、西洋料理教室、英語教育、職工教育などを行った。

・賀川豊彦（一八八八（明治二一）年）は、神戸新川において活動した。

《大正時代》

大正時代は、日本の社会事業史においてもいくつかの特質すべき事柄があった。その主なものを次に紹介してみたい。

① 米騒動（一九一八（大正七）年七月）

米騒動は、富山県滑川市で発生（滑川市の漁村の主婦が米廉売強請の運動が発端）、八月一二日には神戸市に波及。日本でも最大の貿易商であった鈴木商店が焼き討ちにあった。

米の値段は、大正七年六月　一升二〇銭
七月　四〇銭
八月　五八銭とうなぎ登りに高騰していった。

米の値段の高騰は物価高騰、供給不足、シベリア出兵による軍の米の買い占めなどの要因が重なったものであるが、当時の大阪朝日新聞などが「鈴木商店の買い占め」などと民衆を煽ったために、鈴木商店は焼き討ちにあった。

② 健康保険法の制定（一九二二（大正一一）年制定、二年後に発布）

先にも見たように、繊維産業を中心とした日本の産業発展は、農村からの女工に支えられた。その女工たちは長時間労働で肺結核を患い農村に帰郷した。そのために、農村では肺結核が蔓延し疲弊していった。これでは農村から健康な若者を兵隊として徴用できなくなるため、健康保険制度を設けてその改善を図ろうとした。

（註）一九二〇（大正九）年に起きた第一次世界大戦後の経済恐慌は、大小企業の倒産・閉鎖・操短となり、民衆はたちまち生活不安に陥った。特に、資本力の弱いマッチ、ゴム工業にこれらの影響がいち早く現れ、四二件のマッチ工場中二九

件の工場が全休し、九四七一人の職工のうち二〇六九人が解雇され、ゴム女工の日当が一円三〇銭から八〇銭に引き下げられた。また、播州織の工場では休業して六〇〇〇人の職工は一日僅か一五銭の手当てしか支給されなかった。

また、当時は中小銀行が乱立していたが、不況を口実に「偽装倒産」を行い民衆からの預金を「ねこばば」する銀行屋も少なくなかったといわれている。

③ 済世顧問制度の発足（一九一七（大正六）年）

「防貧事業を遂行し、個人並びに社会を向上せしむ」ことを目的とした制度であった済世顧問制度は、今日の民生委員制度の原点になるものであり、都市の貧困問題の広がりに対して、地域の篤志家を委員として委嘱し、貧困世帯の個別援助や生活状態の調査を行ったものであり、地域性、無償性、などの特徴を持った委嘱型の名誉職制度であった。この制度は、ドイツのエルバーフェルトシステム、欧米の慈善組織協会、中国の隣保制度などを参考に、日本の幕藩体制下の五人組制度や伝統的な相互扶助制度などを基盤に岡山県の地方長官（今日でいう「知事」）笠井信一指導の下に創設されたものであった。

（エピソード）大正五年、大正天皇が笠井信一岡山県知事に対して県下の貧民の状況を御下問されたのが契機となり、済世顧問制度ができ、大阪府における林知事による方面委員制度と合わせ、今日の民生委員制度が創設された（全社協編『民生委員制度七〇年史』より引用）。

④ 貧民研究会の結成

篤志家によって慈善事業が盛んになっていく中で、こうした慈善事業、救済事業を科学的に発展させようとする機運が内務官僚や慈善事業家などの間で高まり、一九〇〇（明治三三）年に貧民研究会が結成された。そのメンバーは、井上友一・清野長太郎（内務省地方局）、岡田朝太郎（東京帝大教授・法律学）、桑田熊蔵（東京帝大教授・

社会政策）、原胤昭・留岡幸助（警察監獄学校教授）、安達憲忠（東京市養育院主事）、久米金弥（内務省参事官）、有松英義（内務省警保局）、小河滋次郎（内務省監獄課）、松井茂（警視庁）、窪田静太郎・相田良雄（内務省衛生局）などであり、のちに日本の社会事業を成立させる先駆者たちであった。

《昭和初期》

昭和初期は、国民にとって変動と恐慌に翻弄された時期であった。そして新たに国民救済の施策が講じられた時期でもあった。

① 世界大恐慌

昭和四年（一九二九年）一〇月二四日（暗黒の木曜日）のニューヨーク株式市場の大暴落に端を発して全産業部門を襲い、全資本主義国家に波及した未曽有の大恐慌。一九三三年まで五年間に及ぶ第一次世界大戦、ロシア革命ののち資本主義が全般的に危機の時代に入った現れで、各国は恐慌対策に奔走した（旺文社『世界史事典』より引用）。

この恐慌により日本の経済は不景気の極みに達し、企業の倒産、失業者が巷にあふれた。政府はこれら失業者には「帰農」を奨励し、その煽りを受けて農村の窮乏化は一層進行した。

② 救護法の制定（一九二九（昭和四）年）

失業者、生活困窮者が増大する中で、恤救規則では対応することができなくなり、新たに救護法が制定された。救護法は、生活困窮にある次のものを救済対象とした。

・六五歳以上の老衰者
・一三歳以下の幼者

・妊産婦
・不具廃失者
・傷病者
・心身障害者
これらを対象に「生活扶助」「医療扶助」「助産扶助」「生業扶助」を行った。一九三一（昭和六）年の恤救規則での救済者は一万八一一八人と僅かであったが、一九三二（昭和七）年の救護法での救済者は一五万七五六四人と増えた。

③ 児童虐待防止法の制定（一九三三（昭和八）年一〇月実施）

昭和恐慌や東北・北海道の大凶作（一九三一（昭和六）年）によって失業者や農民の生活は困窮を極め、親子心中、子殺し、児童虐待、勤労児童の酷使、農村子女の身売りなどが増加し、深刻な社会問題となった。これらを背景に、第六四回帝国議会において「児童虐待防止法」が可決され、一九三三（昭和八）年一〇月から実施されることとなった。その主な内容は、次に示す通りである。
・保護すべき児童の範囲は一四歳未満とする
・地方長官（知事）は、児童の保護者が児童を虐待しまたは著しく監護を怠るときは、ア．訓戒、イ．条件を付した児童の監護、ウ．保護者から児童を引き取り、親族その他の家庭、施設への委託を行うこと、エ．国庫は、都道府県の負担する費用の二分の一以内で補助する、オ．地方長官（知事）は、ア．軽業・曲芸、路上での諸芸、物品販売等で児童を虐待するおそれのある場合は児童の利用を禁止・制限することができるといったものであった。

④　厚生省の設置（一九三八（昭和一三）年）と人口政策

民生行政は内務省が司っていたが、厚生行政が内務省から独立した。当時は肺結核が農村部を中心に蔓延し一九三八（昭和一三）年の結核による死亡者数は一〇万七四四二人と記録されている。

また、国は一九四一（昭和一六）年**人口政策確立要項**を発表した。それによると内地総人口目標を昭和三五年には一億人にまで増やすこととし、一夫婦平均五児を設けることを奨励した。

《終戦から経済成長前期》

一九四五（昭和二〇）年八月、第二次世界大戦は終結した。終戦直後の日本は惨憺たる状況にあった。国土は焦土と化し二五五万人の人命を失い、国民は職を失い飢餓に陥った。

広島に投下された原爆で一四万人の市民が、長崎での原爆投下で七万人の市民が一瞬で命を奪われた。満州、北朝鮮、樺太、千島列島で終戦を迎えた日本軍人、満蒙開拓団農民、満州国関係者約五七万人から七〇万人がソ連によりシベリアに送られ過酷な強制労働に従事させられた。その結果、抑留中の死亡者名簿登載者数は四万人以上とされている（この数字は『日本史小辞典』／山川出版社による）。

このように敗戦国・日本は惨憺たる戦禍に見舞われたと言えよう。原爆投下で二一万人以上の市民が殺され、ソ連の国際法に違反した長年にわたる強制労働などは許されることではなかった。

国内でも戦災による孤児は一九四七（昭和二二）年二月の一斉調査によると一二万三五〇四人に達したと報告されている。

①　ＧＨＱによる社会救済四原則の提示

日本は戦勝国の統治下におかれ、実際はアメリカの統治下（General head quarters）におかれた。

そのＧＨＱは一九四六（昭和二一）年二月に社会救済四原則を日本政府に提示した。それによると、困窮者の救済は、

無差別平等

国家責任

公私分離

救済総額に制限を設けないとするものであった。この四原則は旧生活保護法の理念やＧＨＱの手で作られた新憲法にも大きく反映された。

② 生活保護法の制定

一九四五（昭和二〇）年一二月、国民の窮乏化に対処するため「生活困窮者緊急生活援助要綱」が制定、実施されたが、翌一九四六（昭和二一）年九月に生活保護法が公布され同年一〇月より実施された。この生活保護法は現在では**旧生活保護法**と呼んでいる。同法は、保護認定の基準が曖昧であったり、マーケットバスケット方式が採り入れられたため、生活保護事務が複雑化し民生委員の裁量に委ねられなくなったことなどで、一九五〇（昭和二五）年**新しい生活保護法**が公布され即日施行された。

この生活保護法は、ア．最低生活の保障を明確化、イ．保護の権利性を明確化、ウ．不服申し立ての権利を付与、エ．専門職の社会福祉主事を設置（民生委員は協力機関として位置づけ）、オ．保護の補足性などを規定した。

③ 児童福祉法の成立

一九四六（昭和二一）年頃には浮浪児等の狩りこみが行われ、その浮浪児たちは孤児院に収容された。孤児院も食糧難が深刻を極め、職員も「いざという時は子どもたちと餓死するかもしれないという切羽詰まった状態に置かれていた」という。そういう中、一九四七（昭和二二）年に児童福祉法が成立した。

④　国民助け合い「共同募金」が発足

先に見たGHQによる社会救済四原則のうち、公私分離の原則は、本来、公（国）の責任で救済事業を進めなければならないにもかかわらず、その責任を私（民間の慈善事業）に転嫁してはならないとするものであったが、この趣旨が拡大解釈され、一九四六（昭和二一）年一一月三日公布の日本国憲法第八九条（公の財産の支出及び利用の制限）で「公金その他の公の財産は、宗教上の組織もしくは団体の使用、便益もしくは維持のため、又は公の支配に属しない慈善、教育もしくは博愛の事業に対し、これを支出し、又は、その利用に供してはならない」と規定されたため、孤児救済等に当たっていた慈善事業には公金をもって援助することができなくなってしまった。その状態を脱却するため考え出されたのが、民間資金供給団体として共同募金を発足させることであった。兵庫県では第一回募金を一九四七（昭和二二）年一一月二五日から一二月二五日までの一ケ月間行った結果、五〇〇〇万円の目標額に対して三六七二万円（達成率七三・四パーセント）の実績を上げた。この金額は孤児救済等を進める慈善事業を支えるに足る金額であったと評価されている。

⑤　身体障害者福祉法の成立（一九四九（昭和二四）年）

当時の身体障害者数は四九万人、そのうち退役傷痍軍人が三二・四万人であった。しかし、当時のGHQの非軍事化政策は徹底しており、傷痍軍人や軍人遺家族に関わったとみなされると軍法会議にかけられる恐れすらあった。こうした情勢下でこの法律は成立するが次のような課題を抱えていた。

・法の基本的性格が保護法ではなく更生法であった。したがって、重度障害者が放置された。
・身体障害者の生活費は、生活保護法で対応した。
・判定の困難性、費用の節約を理由に結核後遺障害者、精神障害者を対象外とした

（註）新生活保護法、児童福祉法、身体障害者福祉法をもって「福祉三法時代」といわれた。

⑥ 社会福祉事業法の成立（一九五一（昭和二六）年）

社会福祉事業法は、わが国の社会福祉事業の明確化、福祉地区の設定と福祉事務所の設置、社会事業専門職の新設（社会福祉主事）、社会福祉法人の規定などわが国の社会福祉事業の概念を整理し、社会福祉事業全般にわたる理念を明確にした。

あわせて、共同募金会、社会福祉協議会を規定した。

⑦ 社会福祉協議会の発足

先の社会福祉事業法により社会福祉協議会が法定化された。法定化されたのは都道府県社会福祉協議会のみであり、市区郡町村の社会福祉協議会が法定化されるのは一九八三（昭和五八）年五月であった。

市区町村社会福祉協議会の法定化に際して、衆議院社会労働委員会は次の付帯決議を行った。

一、社会福祉協議会には、地域住民の意向を的確に反映することができるよう広く住民の参加を求めること。
二、社会福祉協議会は、さらに組織の強化、運営の適正化を図り、その活動の一層の充実に努めること。
三、政府は、社会福祉協議会の民間活動としての自主性を尊重しつつ、その活動の基盤の強化に努めること。
四、地方公共団体は、市町村社会福祉協議会の制度化に伴い、一層地域福祉の推進に努めること。

右決議する。

一九八三（昭和五八）年四月二八日　衆議院社会労働委員会

⑧ 国民皆保険、皆年金体制の確立（一九五九（昭和三四）年）

国民皆保険体制が確立したことは国民の健康保持と国民が安心して医療サービスが受けられる環境が整ったという社会保障上特筆すべきことであった。また、国民皆年金制度もスタートした。

一九五九（昭和三四）年当時、日本は結核患者三〇四万人を抱え、医療体制の充実は国としても喫緊の課題であった。

⑨　**福祉六法体制の成立**

この間、一九六〇（昭和三五）年には精神薄弱者福祉法（一九九八年には「知的障害者福祉法」に改正）、一九六三（昭和三八）年には老人福祉法が、また、一九六四（昭和三九）年には母子福祉法が成立し、社会福祉体制が整った福祉六法時代に入った。

この期の社会保障、社会事業（社会福祉）の動きは次のように概括できるのではなかろうか。

【戦後期】

①　ＧＨＱの社会福祉民主化政策がわが国の社会福祉の形成に大きな影響を与えた。

②　ＧＨＱの民主化政策と、わが国政権の思惑との綱引きが現出した時期であった。

③　戦後混乱期の救済策は、社会防衛、治安対策としての機能が大きかった。

【一九五〇年代後半〜一九六〇年代】

①　再軍備（一九五〇（昭和二五）年、警察予備隊発足）が図られ、それに伴って社会福祉予算の削減が図られるようになった（「大砲」か「バター」か）。

②　労働組合（総評）などを中心に社会保障推進協議会などが結成され、社会保障の充実に向けた運動が盛んであった。

③　社会福祉は、生活保護中心の体系は保持しつつも、その体系が破綻していく時期でもあった。生活保護中心の社会福祉観は、社会の変動からくる住民の多様な福祉ニーズに対応できなくなっていく時期であった。

《経済の高度成長期から低成長期》

一九五五（昭和三〇）年頃から日本経済は高度成長期に入った。この高度成長は、世界最高のスピードであったと言われている。具体的に見ると、フランス五・八パーセント、イタリア五・六パーセント、アメリカ四・一パーセント、イギリス二・八パーセントに対し、日本は一一・一パーセントであった。林直道によれば、「この高度成長は、一つには、設備投資と重化学工業化と輸出競争の勝利。二つには、低賃金を中心とする国民生活の犠牲の上に実現した」と解説している。

経済の高度成長は、その一方で消費者物価を高騰させた。一九六〇（昭和三五）年を一〇〇とすると、一九七五（昭和五〇）年では三〇〇を超え、特に食糧費は三四一・三と急上昇した。

①　過疎と過密現象

経済の高度成長は、その反映として労働力人口が農村部から都市へ流入した。そのため都市部ではライフラインのインフラ整備が追い付かず、住宅、上下水道、道路、公園、学校、などが未整備となり、住民の生活需要に供給が追い付かず、市民生活は極端なまでの不備を被った。さらに公害の発生、交通災害の急増など地域環境問題が急浮上したが、これへの対策はかなり遅れることになる。

一方、農村部では若い働き手が地域を離れ、都市部に集中したため、農村部では過疎化現象が進んだ。農家の主な働き手である男性の出稼ぎや兼業化で、農作業がじいちゃん・ばあちゃん・かあちゃんの手で行われる農業経営は「三ちゃん農業」と言われ、農業生産は下降線をたどることとなる。若い働き手を失った農村部は農業生産の低下にとどまらず、地域文化の崩壊、共同体としての生活機能を失っていくこととなる。

②　公害に反対する運動が盛んになる

公害問題は、一九六〇年代に入ってますます深刻さを増した。具体的には、水俣病、阿賀野川流域の水銀中毒、四日市ぜんそく、イタイイタイ病などの公害問題に対して「公害対策連絡会議」（一九六九年）や「公害反対全国連絡協議会」（一九六九年）などの運動が起こった。

③　社会保障・社会福祉を充実させる運動と国の対応

公害反対運動に連動して社会保障・社会福祉を拡充させようとする運動も盛んになった。そのいくつかを例示すると、

・全国重症心身障害児を守る会の結成（一九六四（昭和三九）年）
・全国障害者問題研究会の発足（一九六七（昭和四二）年）
・障害者の生活と権利を守る全国連絡協議会の結成（一九六七（昭和四二）年）
・堀木訴訟の闘い（障害福祉年金と児童扶養手当の併給禁止に反対する訴訟）（一九七〇（昭和四五）年）
・一〇〇〇万老人運動の展開（全日自労主催）（健康で安心できる老後を作る目的）（一九六九（昭和三九）年）
・老人医療無料化運動（一九六〇年代末から全国的に展開された）（東京都では美濃部知事の時代に無料化が実現した。）

こうした動きに対して国も一定の対応をした。主な対応策を次に列挙すると、

・「厚生行政の長期構想」発表。（施設整備と福祉サービスの充実）（一九七〇（昭和四五）年）
・心身障害者対策本法の成立（一九七〇（昭和四五）年）
・社会福祉施設整備五ケ年計画の策定（一九七〇（昭和四五）年）
・児童手当法の成立（一九七一（昭和四六）年）
・老人福祉法の一部改正（七〇歳以上の老人の医療費の無料化）（一九七二（昭和四七）年）

などであった。

《日本経済の低成長と福祉見直し論の台頭》

経済の高度成長を謳歌していた日本は、一九七三（昭和四八）年のオイルショックから始まった経済の混乱と消費者物価の高騰は、その後の日本経済を低成長へ導くきっかけとなった。同年元旦の田中角栄首相の年頭挨拶は、北欧型福祉を目標とした「福祉元年」を宣言したが、同年に始まったオイルショックの影響でその宣言は潰えた。こうして始まった日本経済の「低成長」は、福祉の見直しへと大きく舵を切ることとなった。

① 福祉見直し論の台頭

社会福祉は公助型の福祉、いわゆる、国家予算を投入する福祉を見直し、自助、共助を強調する福祉への転換が進められる時期だった。これが「福祉見直し論」の本質であった。具体的な動きを見てみると、

・地方制度調査会は「地方財政の在り方に関する答申」の中で福祉見直しを提言した。（一九七五（昭和五〇）年）
・財政制度審議会「社会保障についての報告」（一九七五（昭和五〇）年）
・社会福祉懇談会「低成長下における社会福祉の在り方」につき報告（一九七五（昭和五〇）年）

こうした「福祉見直し」論の大合唱を背景に、全社協主催の「社会福祉予算獲得全国大会」（一九七五（昭和五〇）年一二月）では、老人医療有料化反対決議を行っている。

② ボランティア活動の評価、在宅福祉の台頭

福祉見直し論の本質は、公助に代わって自助、共助への切り替えであった。そのうちでも共助のモデルはボランティア活動であった。

ボランティア活動は、特に「革新」勢力側から「公的責任を棚上げにするものだ」と批判されてきたが、この時期になって、その活動が評価されてくるようになった。

この間の主な動きを見てみると、

・全国社会福祉協議会が中央ボランティアセンターを設置（一九七六（昭和五一）年）

・厚生省は「在宅老人福祉対策事業の実施及び推進について」通知（一九七一（昭和五一）年）

（註）この通知では、施設サービスから在宅福祉サービスへの指向を示唆した。

・学童生徒のボランティア活動普及事業に国庫補助（一九七七（昭和五二）年）

（註）この予算化は文部省ではなく厚生省が出した。

・全国社会福祉協議会は「在宅福祉サービスの戦略」を発表（一九七九（昭和五四）年）

（註）この時から「在宅福祉」が福祉の在り方の一つとして浮上した。厚生省は平成二年の社会福祉事業法改正まで「在宅福祉サービス」を正式には認知していなかった。

③　市町村社協の法制化

一九五一（昭和二六）年の社会福祉事業法で法定化された社協は都道府県段階に限られ、社協活動の基盤は市町村にあるにもかかわらず、市町村社協は法定外であった。全社協はこの状況をいつまでも放置することは、今後の社協活動の発展に支障をきたすと考え、市町村社協を法制化する運動を全国的に推し進めた。その結果、一九八三（昭和五八）年　五月に法制化が実現した。

④　厚生行政基礎調査

一九八三（昭和五八）年の厚生行政基礎調査では、六五歳以上の独居老人は一〇〇万人を超すと発表。

（註）二〇〇二（平成一四）年の同調査では、独居老人が三四一万人となった。

また、全国の母子世帯数は七一万八〇〇〇世帯、五年間で一三パーセントも増加した。

⑤ 社会福祉の転換期（一九八四〜二〇〇〇（昭和五九〜平成一二）年）

国は、社会福祉を行政処分で進める「措置制度」を見直す動きを示すようになった。具体的には、「国の補助金等の臨時特例等に関する法律」で措置費の国庫負担率を、一九八六（昭和六一）年度から一九八八（昭和六三）年度までの間の暫定措置として、五〇パーセントとすることを規定した。

特に、一九八九（平成元）年厚生大臣に対して行った福祉関係三審議会合同企画分科会の意見具申は、今後の我が国の社会福祉を方向付けるものであった。その内容は次の五点に集約することができよう。

ア．地方化

社会福祉は、住民に最も身近な市町村が担うことがよい。具体的には、福祉予算も許認可権も市町村に移す方向を目指す。

イ．在宅化

福祉サービスの提供場所は主として社会福祉施設が担っているが、これを地域が担う方向（在宅福祉の方向）に導く。

ウ．民間主体

社会福祉サービスの提供は国や市町村が直接行うのではなく、社会福祉法人、ＮＰＯ法人、ボランティア、さらには、企業法人など多様な主体が提供するようにする。

エ．有料化

福祉サービスに対する利用者負担を応能負担から応益負担に切り替え、一定額を利用者が負担する。

オ．総合化

福祉サービスの支援を受け在宅で可能な限り自立して生活を送るためには、福祉サービスのほか、保健サービス、医療サービスが総合的に提供されることが必要。

さらに、厚生省は、この答申に合わせるように一九九〇（平成二）年六月、社会福祉関係八法の改正を行った。特に注目されることは、この改正により「居宅福祉サービス」を法定化したことである。

⑥　社会福祉士、介護福祉士法の公布（一九八七（昭和六二）年五月）

日本での社会福祉専門職は、一九五一（昭和二六）年の社会福祉事業法によって生活保護行政に社会福祉主事が当たることを法定化し、以降、社会福祉主事が社会福祉専門職として扱われてきたが、社会福祉援助技術の進化などに伴って、それに対応できる専門職の必要性が求められ、また、高齢社会の最大の課題である介護を専門とする人材の必要性も求められた。こうした社会的要請を背景にこの法律が制定公布された。

⑦　ゴールドプランの発表

高齢者保健福祉推進十カ年戦略は、一九八九（平成元）年に発表された。この十カ年戦略を通称ゴールドプランという。この戦略の画期的なことは、高齢者への対応をにらんだことはもちろんであるが、この戦略策定が、厚生省、自治省、大蔵省の三省が合意をしたものであったことである。したがって、戦略の遂行予算は年々確保された点でも画期的であった。

⑧　阪神・淡路大震災と災害救援ボランティア

一九九五（平成七）年一月、淡路島近海を震源とする大地震は淡路、阪神間に甚大な被害をもたらした。死者六万七七人（同年一〇月一〇日現在）に達した。このうち六〇歳以上の高齢者が五三パーセントと、まさに高齢社会を直撃した地震であった。

この震災救援には全国から多くのボランティアが駆けつけ、避難所を中心に被災者の生活支援を展開した。この災害救援ボランティアは、阪神・淡路大震災の救援を発端に、その後の日本の自然災害には必ず、多くのボランティアが救援に駆けつけるようになった。

⑨ 社会福祉の基礎構造改革と介護保険制度の新設

社会福祉の見直しに関連した一連の動向を受けて、厚生省は社会福祉の基礎構造改革に着手した（一九九七（平成九）年）。構造改革の論点整理から改革の全体像をまとめるまで二年という短期間であった。それは、一九九七（平成九）年一二月に、既に、介護保険法が国会で可決され、成立していた。しかし、社会福祉事業法は、保険の仕組みで福祉サービスを提供する規定はなく、このままでは、介護保険法は宙ぶらりんに置かれるという切羽詰まった事情が「基礎構造改革」を急いだ背景にあった。

この基礎構造改革は、次の論点をまとめた。すなわち、

ア・対等な関係の確立（サービス提供者とサービス利用者）

イ・個人の多様な需要への総合的対応

ウ・信頼と納得が得られるサービスの質と、その効率的な提供

エ・多様なサービス提供主体の参入を促す

オ・事業運営の透明性の確保

を図るとするものであった。そして、この基礎構造改革の帰結として、社会福祉事業法が社会福祉法に改変され、地域福祉が新たに規定された。市町村は社会福祉事業者、ボランティア、地域住民を主体とする三者が地域福祉計画を策定し、併せてその推進を担うことを規定した。

また、介護保険事業が二〇〇〇（平成一二）年四月から実施され今日に至っている。

引用文献

旺文社編（二〇〇〇）『世界史事典』旺文社（引用個所は文中に記載）
塚口伍喜夫『社会福祉原論講義レジメ』（流通科学大学）より引用

参考文献

全社協編纂委員会編（二〇〇三）『全国社会福祉協議会九〇年通史』全国社会福祉協議会
全社協編纂委員会・執筆者斎藤貞夫ほか（二〇一〇）『全国社会福祉協議会百年史』全国社会福祉協議会
厚生省五十年史編集委員会編（一九八八）『厚生省五十年史』記述篇・資料篇　中央法規出版
地域福祉の歩み編集委員会編（一九八二）『地域福祉の歩み』兵庫県社会福祉協議会
同上　（一九九一）『地域福祉の歩みⅡ』兵庫県社会福祉協議会
同上　（二〇〇一）『地域福祉の歩みⅢ』兵庫県社会福祉協議会
同上　（二〇一二）『地域福祉の歩みⅣ』兵庫県社会福祉協議会
塚口伍喜夫著（一九九八）『地域福祉の明日を拓く』兵庫県社会福祉協議会
民生委員制度七十年史編纂委員会編（一九八八）『民生委員制度七十年史』全国民生児童委員協議会
吉田久一著（一九九〇）『改定・現代社会事業史研究』川島書店
吉田久一著（一九九二）『日本近代仏教史研究』川島書店
吉田久一・長谷川匡俊著（二〇〇一）『日本仏教福祉思想史』法蔵館
日本仏教社会福祉学会編（二〇〇六）『仏教社会福祉辞典』法蔵館
中西直樹著（二〇〇四）『仏教と医療・福祉の近代史』法蔵館
大河内一男著・解説（一九八一）『職工事情』光生館
蟻塚昌克著（二〇〇九）『証言・日本の社会福祉一九二〇〜二〇〇八』ミネルヴァ書房
厚生省社会局・大臣官房老人保健福祉部・児童家庭局監修（一九九〇）『社会福祉八法改正のポイント』第一法規
日本史広辞典編集委員会編（二〇〇一）『日本史小辞典』山川出版社
吉田久一著（一九九八）『日本社会事業の歴史・全訂版』勁草書房
高島進著（一九九七）『社会福祉の歴史』ミネルヴァ書房

二 世界の歴史から

(一) イギリス

世界でも社会福祉政策の実践の歴史が古いイギリスは、わが国の社会福祉のあり方にも大きく影響を与えた。本節ではイギリスの社会保障・社会福祉の歴史を概観し、現在の社会福祉の展開を確認する。

エリザベス救貧法(一六〇一年)

絶対王政期のイギリスにおいて、一六〇一年に制定されたエリザベス救貧法は、それまでの救貧制度の集大成といえる。「労働可能貧民」「労働不可能貧民」「児童」に分類し、強制的な就労によって浮浪者を管理、抑圧する制度の極みであった。

市民革命によって絶対王政が崩壊した後、甚だしい制約はあったにせよ領主から最低限の保護をうけた農奴貧困者は生活の手段を失い街にあふれた。そして貧困者対策として、労働可能貧民を労役場に収容して就業させるワークハウステスト法に繋がっていった。「恐怖の家」と恐れられた労役場では過酷な就労が課され、非人道的で悲惨な処遇により救済を求めることを断念させる抑制効果をもたらした。しかも労役場に収容する方が費用負担も軽減されるという期待と相まって、労役場は各地に設置された。しかし労役場の運営にかかる費用がそれほど安上がりではないことが明確になると貧困対策は新しい局面に移らざるを得なかった。

新救貧法(一八三四年)

有能貧民と無能貧民を分けて救貧を制限する、劣等処遇の原則を取り入れた新救貧法下の一九世紀イギリスでは、産業革命によって急速に社会構造が変化し資本主義化が進んだ時期でもあった。また、人口増加には自然発生的に貧困者が生まれるとするマルサスの「人口論」が根強く影響していた。劣等処遇は心理的にも重い制裁となり、反対に救済を受けない（断念した）ものについては市民として承認された。結果的に自律的な個人を育成する傾向を強め、資本主義社会を強固なものとしていった。

批判的に評価されることも多い新救貧法であるが、新救貧法体制によって近代社会の基盤形成をもたらした点も見逃してはならない。新救貧法体制によって形作られた政策や行政機能はその後の資本主義市場をさらに発展させた。

慈善組織協会とセツルメント運動

イギリスの民間部門による社会福祉の源流はチャリティである。キリスト教会が貧困者や孤児、高齢者の援助を担っていた。新救貧法体制下から、法による救済の補完的救済として民間の慈善組織が活躍していた。しかし、この救済運動は組織化されておらず計画性にも乏しかったため、濫給や漏給が見られるなどの問題が生じ、対処すべく一八六九年に設立されたのが慈善組織協会（Charity Organisation Society）である。以降、ニーズ調査に基づく支援の実施、組織的な活動が展開されている。

もう一つ民間による救貧活動として代表的なのがセツルメント運動である。これは人格の高潔な有識者が貧困地域に住み込んで直接的な関わりを通して、貧困問題の改善に取り組んだ活動である。貧困地域に住み込むセツラーとして活動したトインビー（一八五二－一八八三）は、労働教育を行う施設、隣保館の設立を試みたが、病に倒れ道半ばにしてこの世を去った。そのトインビーの意志を受け継ぎ、サミュエル・バーネット夫妻の指導により世界初のセツルメント運動の拠点であるトインビー・ホールが誕生した。

ベヴァリッジ報告（一九四二年）からコミュニティケアへの展開

二〇世紀前半、ブース（Booth, C.）によるロンドン調査、ラウントリー（Rowntree, B. S.）によるヨーク市の調査から貧困は失業、疾病など社会的な問題に起因していることが明らかになった。この調査結果をもとに無拠出老齢年金法や国民保険法等が成立した。また、貧窮状態にある国民に対しての公的扶助は、資産調査（ミーンズテスト）が実施され、適否を決定した。このように二〇世紀前半のイギリスは貧困を社会的な問題と捉え、社会保障が制度化された時代であった。

一九四二年に出されたベヴァリッジ報告では五大悪（欠乏＝著しい貧困、疾病、無知＝教育が受けられないこと、不潔＝不衛生で狭い住環境、怠惰＝失業）による困窮状態の脱却を目指す必要性が示された。そのためには健康保険、失業保険、年金など国民の生活を包括的に保障する制度の構築が不可欠であり、その内容は国民的な関心を引くこととなる。第二次世界大戦後、ベヴァリッジ報告による制度が整備され「ゆりかごから墓場まで」といった福祉国家の道を歩むことになった。

一九六〇年代、高齢者、障害者、児童へのサービスは自治体各部局で不統一に実施されていたが、シーボーム報告では統一する必要性が提案された。この報告には、対人福祉サービス（personal social service）が明記されており、その後の社会福祉サービスの指標となった。同報告は主に三つの側面から社会福祉の改革を提言している。一つ目は自治体において分業されていた児童・福祉・保健の業務を一本化すること、二つ目は人口五万人～一〇万人単位で地域に総合的な援助を展開する拠点として「地域拠点」を創設すること、三つ目はソーシャルワーカーの専門性獲得のための養成訓練課程の再検討である。

一九七八年のウルフェンデン報告には、社会福祉サービスにおける公私の役割分担が示された。社会福祉サービスの供給は主に民間の役割として、国は財源や公平なサービス確保を担うべきであることが主張された。

サッチャー政権下、軍備強化と社会福祉、社会保障の抑制が強まる中で、コミュニティ・サービスの整備が一向に進まない状況であった。危機感を覚えた政府は、コミュニティ・サービスの検討を求めて、それを受けたグリフィスが提出したのがグリフィス報告である。社会福祉の領域に民間部門を参入させる混合経済導入を推進して、自治体はサービスの企画、計画、組織化を担い、サービスの独占的な供給者となることに否定的な立場をとっている。一九九〇年に「国民保健サービスおよびコミュニティケア法」が制定された。主な内容はケアの権限、財源の自治体への一元化、サービス供給主体の多元化、ケアマネジメントの導入、コミュニティケア計画の策定、入所施設への監査制度の改善、自治体における苦情処理制度の導入である。この内容は、社会福祉基礎構造改革を経て介護保険制度が導入されたわが国と共通している点もある。ただし、実際のサービス供給体制や仕組みにはかなりの相違も見られる。

イギリスの社会福祉サービス

コミュニティケア改革以降、社会福祉サービスは自治体が民間と契約、購入してこれを住民が利用できる仕組みを取るところに特徴がある。また、ソーシャルワークの知識と技術の蓄積があるイギリスにおいては、ソーシャルワーカーの担う役割が大きい。世界でいち早く社会保障制度を整備したイギリスの歴史を概観することは、めまぐるしく変化する今日においても重要である。社会問題を科学的に考察する視点や、社会福祉におけるソーシャルワーカーの役割、コミュニティケアへの系譜は、社会福祉が今後どのように発展するべきかを考えるうえで大きなヒントになりえるであろう。

参考文献

阿部志郎・井岡勉（二〇〇〇）『社会福祉の国際比較』有斐閣
右田紀久恵・高澤武司・古川孝順（二〇〇一）『社会福祉の歴史〔新版〕』有斐閣
岡本民生・田端光美・濱野一郎ほか（二〇〇七）『エンサイクロペディア社会福祉学』中央法規

（二）アメリカ

自己責任論の萌芽

イギリスからの独立を果たした一八世紀末、それまでエリザベス救貧法を模範とした救貧政策は独自の流れに変遷していった。もとより封建社会が存在しなかったアメリカでは、広大な土地からなる恵まれた資源に裏付けられた自信が、貧窮の原因を自己責任に追いやる風潮を生んだ。アメリカ産業主義、いわゆる自由放任主義が隆盛を極めた一九世紀末、救貧政策は一層公的な責任から遠のいた。当時のアメリカでは自由な競争こそ価値があり、その競争の勝者が莫大な富を得ることが可能であった。それは自己責任を強調する論調を強め、貧民に対して公的な救済を放棄する流れへと繋がっていったのである。

クインシー・レポート（一八二一年）とイエーツ・レポート（一八二四年）

公的な救貧政策は、もっぱら貧民を施設に収容する院内政策に限定されていった。居宅による救済を、最も道徳的には弊害で浪費的だと指摘したのは、マサチューセッツ州のクインシー・レポートである。さらに同レポートは貧民救済の方法としては労役場、貧民院への収容を最良とした。ニューヨーク州に提出されたイエーツ・レポートも同様の特色を持つ。すなわち農業を中心とした労働に従事させ、同時に労役場に収容させるというものであった。院外救済は組織化された私的慈善機関が、そのほとんどを請け負っていた。またイギリスより導入された慈善組織協会(Charity Organization Society)が院外救済を請け負う組織として広がりを見せると、公的な救済は院内救済へと限定されるようになったのである。二〇世紀初頭にはアメリカ産業資本はますます発展を見せ、世界の頂点に君臨した。しかしそれは看過できない貧富の差を生じさせるという負の側面も持ち合わせていた。

友愛訪問からセツルメント運動へ

公的な救済に対して消極的なアメリカ政府の姿勢により、民間の慈善活動は活発化せざるをえなかった。イギリスから導入された慈善組織協会の活動は、著しい発展を遂げ友愛訪問が誕生した。貧困家庭を訪問して生活必需品を届ける活動は、専門性を伴うようになり、やがて有給化されソーシャルワーカーの源流となったのである。

貧困家庭を個別に救済する慈善組織協会に対して、セツルメント運動は貧困地域にセツルメントハウスを設けて、貧困層と知識人、富裕層との交流をもとにした活動が行われた。一八八九年にアダムス（一八六〇－一九三五）によって設立されたハル・ハウスは、アメリカにおけるセツルメント運動のシンボル的な存在である。その活動は保育園、児童キャンプ活動、移民支援、婦人参政権運動などと広範であった。生活困窮者と「ともに」あるといった共生の理念はソーシャルワークにも多大な影響を与えた。

ソーシャルワークの体系化

アメリカ社会福祉の世界的な貢献にソーシャルワークの確立は欠かせない。アメリカの歴史のみならず、世界の社会福祉に大きな衝撃を与えた。その第一人者が「ケースワークの母」ことメアリー・リッチモンド（一八六一－一九二八）である。彼女は生涯をソーシャルワークの体系化に費やし、今日のソーシャルワーク実践、研究のレディネスを整えたといえる。第一次世界大戦後もケースワークについての観点に進展を求めたリッチモンドは、一九二二年に『ソーシャル・ケースワークとは何か?』を上梓する。そこでケースワークの定義を「人間と社会環境との間を個別に、意識的に調整することを通してパーソナリティを発達させる諸過程から成り立っている」とした。そして、ケースワークに備えるべき専門性として大きく「洞察」と「行為」の二つに分け、さらに「洞察」を「個性と個人的特徴への洞察」、「社会環境の資源、危険、影響についての洞察」の二つに、「行為」を「心から心へ働きかける直接的活動」、「社会環境を通じて働きかける間接的活動」の二つに分けて示した。これらはケースワークの古典的定義として、彼女の没後も長く受け継がれている。

恐慌とニューディール政策

一九二〇年代、自動車産業の発展に伴い、「永遠の繁栄」を謳歌していたアメリカであったが、生産力が誇張し続け、ついには国内の需要が供給に追いつかなくなると、一九二九年、株価の大暴落による大恐慌へと突入する。時の大統領、ハーバート・C・フーバー（一八七四－一九六四）は効果的な政策を打ち出せず、むしろ資本主義経済の自動回復力に期待するなど、楽観的な姿勢であった。状況は悪化し続け、一九三三年には失業率が二四・九パーセントに達した。

その後大統領に就任したフランクリン・D・ルーズベルト（一八八二－一九四五）は古典的な自由放任主義から、政府による市場への介入を積極的に進めるニューディール政策を実行する。しかし、金本位制の廃止、農業調整法など緊急的な措置を取ったが、世界的に蔓延した大恐慌を抑えることは困難を極めた。皮肉なことに連邦政策による貧困救済政策がアメリカ歴史上初めて実施されたのは、ニューディール政策で失業者を貧困者とみなして救済した連邦緊急救済法であった。そのような中、社会保障法が一九三五年に制定される。これは老齢年金、失業保険に加え、三種類の特別扶助と社会福祉サービスに対して政府が補助金を支出することを規定していた。伝統的な自由放任主義と個人主義の強いアメリカにおいて、社会保障法の制定は画期的であり、ここにその真価があるといえる。しかし、この政策が大恐慌の克服を果たしたとは評価されていない。ニューディール政策の功績は、大恐慌による混乱からか生まれるファシズムの台頭を防ぎ、資本主義経済を保持したことであると指摘されている。第二次世界大戦期に突入するにしたがい、戦時経済化を進めたアメリカは新しい繁栄を迎えることになるのである。

貧困戦争の敗戦

第二次世界大戦後は再び自己責任論による社会政策へと回帰傾向を強めることになる。顕著に現れるのが公的扶助の引き締めである。一九六一年、ニューバーグ市の過激ともいえる公的扶助引き締めの条例は、ニューヨーク州最高裁が禁止の判決を下すほどであった（ニューバーグ事件）。その後、最低所得水準以下で生活する貧困者が人口の五分の一に達しているという事実により、それまでの公的扶助引き締め一点張りの政策から転換を迫られた。時のジョンソン政権は、暗殺されたケネディ大統領の遺志を受け継ぎ、貧困の克服を目指した戦い、「貧困戦争」を宣言した。中核となった地域活動事業（community action program: CAP）はそれまでの政策にはない新しい取り組みとして評価できるものであった。貧困者たちが構成している閉鎖社会が貧困につながる悪循環を生み出しているとし、そのような悪循環を断つ環境づくりに貧困者自身も参加して実施された。しかし貧困戦争への予算は当初から極めて少額であり、具体的な実施内容も職業訓練やボランティアの訓練・派遣事業など相変わらず自助努力によって貧困の脱却を目指す連邦政府の方針に変わりはなく、決定的な手立ては打ち出せなかった。そして、一九六九年にニクソン大統領から「敗戦」が宣言されたのである。

福祉権運動とその後

貧困戦争の批判的活動が公民権運動と相まって福祉権運動へと発展する。この運動の画期的な功績は、長く自助の原理がはびこるアメリカにおいて、最低限度の生活を国家の保障に求めたことである。ただし、一九八〇年代、九〇年台以降も社会福祉政策は縮小の傾向にあり、クリントン政権下では「自己責任と就業機会調和法」によって、ますます公的な生活保障は後退し、自己責任論が強調されるようになったのである。一九九〇年に障害をもつアメリカ人法（ADA法）が制定され、すべての障害者の差別禁止と、機会の均等が掲げられた。この法律制定には、何より障害当事者の運動によるところが大きい。例えばカリフォルニア大学バークレー校で障害者のための教育環境、プログラムが整備されたことを端緒に、全土に広がったIL運動は有名である。現在は障害者の長期入所施設は存在せず、地域で生活することが基本となっている。また、緩やかではあるが高齢化が進行している現在、在宅生活を継続させるケアのあり方が中心となっている。医療に関しても高齢者にはメディケアによる最低限の医療サービスが提供されている。

高齢者を対象とした医療保険であるメディケア、貧困層を対象としたメディケイドだけでは、国民をカバーしきれず、民間の医療保険の保険料高騰、未加入率の増加を背景に二〇一〇年にオバマケア法が成立する。これは医療保険への加入を原則として、低所得者には補助金を給付するという内容であった。しかし、保険料の強制徴収に反発した州が各地で訴訟を起こし、二〇一一年にはフロリダで違憲判決が下り、今後の動きは不透明である。

以上見てきたように、アメリカの「自助の原理」の通底には驚くべきものがある。自由を最も尊重する価値観には、社会的排除に対して冷淡な態度という一面が含まれている。ただ、「自助の原理」の国、アメリカの公的扶助受給率はわが国のそれに比して高い。つまりアメリカ行政よりも厳しい基準が、わが国の生活保護受給要件に採用されていることを指摘しておきたい。

参考文献
右田紀久恵・高澤武司・古川孝順（二〇〇一）『社会福祉の歴史〔新版〕』有斐閣
岡本民生・田端光美・濱野一郎ほか（二〇〇七）『エンサイクロペディア社会福祉学』中央法規
Mary E. Richmond（一九二二）『WHAT IS SOCIAL CASE WORK? AN INTRODUCTORY DESCRIPTION』（小松源助訳（一九九一）『ソーシャル・ケース・ワークとは何か』中央法規）

(三) スウェーデン

一八世紀から一九世紀にかけて、スウェーデンは、非常に貧しい農業国だった。国民の多くは新天地を求めて他国に移住し、一時期人口が激減した。そのため、当時の社会福祉政策の中心課題は貧困対策で、主に教会区が貧しい人達に対する支援を担っていた。一八四七年、救貧法が成立し、公的な援助を受ける権利についての規定が初めて盛り込まれたが、その内容は十分なものではなかった。

スウェーデンが福祉国家として歩み始め、さまざまな政策に着手し始めたのは、社会民主党のP．ハンソン（Per Albin Hansson, 1885–1946）が「国民の家」構想を明確に示した一九二八年であった。「国民の家」とは、国家が「良き父」として人びとのニーズを包括的に規制・統制・調整する「家」の役割を演じる、誰一人として抑圧されることがない社会のことである。そこでは、人びとが助け合って生き、協調の精神がすべての人びとに安心と安全を与えるというものである。こうして、すべての国民に対して政府が責任を持ち、政策を実践するというスウェーデンの普遍的社会政策の基盤ができたのである。

その後、二つの世界大戦を避けてきたスウェーデンにおいては、すべての人が人間として平等の価値を持っているという民主主義の基本原理を実践すべく、政策が展開された。その一つとして挙げられるのが、一九四〇年代半ばのノーマライゼーション原理に関する議論であった。当時の政策に具現化させるところまでには及ばなかったが、このノーマライゼーション原理により、スウェーデンの今日の障害者福祉の礎が形作られたともいえる。[1]

一九五〇年代、技術的・医学的研究が進展し、福祉機器などの生産部門や補助具の開発が急速に発達した。それによって、障害者にも労働の機会が増え、身体障害者のリハビリテーション志向も向上した。[2] 一九五六年にはそれまでの救貧法が社会扶助法に置き換えられ、障害者や貧困者等の援助に関しては、社会扶助法に規定された。

一九六〇年代は経済成長の影響もあり、「福祉国家の黄金期」とも形容されるように、最も充実した社会保障政策がとられた時代であった。一九六〇年、国民年金制度が改正され、すべての国民が〝安心して暮らせる〟福祉社会形成のための本格的な社会福祉改革が模索されはじめた。しかし、一九六〇年代末までは、知的障害者を取り巻く社会的環境は満足のいくものではなく、障害者は大規模入所施設に収容し、教育の保障もされていなかった。一九五〇年代に隣国デンマークでノーマライゼーション原理を反映させた法律の誕生により、スウェーデンにおいても一九五〇年代後半から一九六〇年代にかけて、具現化に至らなかったノーマライゼーション原理についての議論が再びなされるようになり、障害者福祉政策に積極的に取り入れられるようになってきた。それが一九六七年に制定された知的障害者特別援護法であり、ノーマライゼーション原理を盛り込んだスウェーデン初の知的障害者の権利法であるといわれていた。

一九七〇年代に入ると、スウェーデン経済は低迷したが、「国民の家」構想の実現に向けて努力はつづけられた。そして、従来の社会扶助法（一九五六年制定）、禁酒法（一九五四年制定）、児童福祉法（一九六〇年制定）の三法が統一され、一九八一年に制定・翌年施行されることになったのが、社会サービス法であり、社会サービスを行う上での「自己決定の原則」と「プライバシーの原則」を基本原則として示す枠組み法が成立した。(3) また、社会サービス法に並ぶ重要な法律として、一九八二年に制定されたのが保健・医療法であり、翌年に施行された。同法における サービスの内容と責務について、ランスティング（スウェーデンの自治単位で、日本の都道府県に相当）は、医療サービスに関する責任だけでなく、ハビリテーションとリハビリテーションサービスの提供やプライマリケアの拡充などを行うことが義務づけられ、地域における保健・医療と社会福祉の連携も強調されるようになった。

一九九〇年代は、スウェーデンの高齢者福祉・障害者福祉分野において大きな改革がなされた。一九九二年に、エーデル改革と呼ばれる高齢者福祉改革が実施された。エーデル改革の目的は、長期的医療ニーズをもつ高齢者や身体障害者の医療と福祉サービスを統合することだった。これにより、リハビリテーションサービスの提供など一部サービスの実施責任をランスティングからコミューン（スウェーデンの地方自治の単位で、日本の市町村に相当）に移行された。

また、障害者福祉分野では、一九九三年、障害者の生活基盤の充実に向け、機能障害者のための援助およびサービスに関する法律(4)と介護手当に関する法律(5)という画期的な二つの法律が成立した。翌年には、ハンディキャップ・オンブズマン法(6)が制定・施行された。これらの法律は、障害当事者を保護の対象から、人として社会に参画する権利があることを明確に示したものである。さらに、一九九六年、入所施設解体法が国会で承認されたことにより、障害当事者の地域生活が一気に進展することとなった。

二〇〇〇年代に入ってからもスウェーデンは、実験国家と評されるように、多様な価値観を認め合いながら、共に生きる社会を模索し続けている。社会サービス法は国民の様々なニーズに対応するため、二〇〇一年に改正され、援助を受ける権利がより明確に規定されるようになった。二〇〇八年には平等法（一九九一年制定）、民族・宗教・信仰上の雇用差別禁止法（一九九九年制定）、障害者雇用差別禁止法（一九九九年制定）、そして性的指向上の雇用差別禁止法（一九九九年制定）のすべてを統合し、より強力な差別禁止法として新差別禁止法が制定された。さらに、新差別禁止法の施行と同時に、差別オンブズマン法が二〇〇九年一月一日に施行された。差別オンブズマンは、以前から設置されている人種や民族差別を受けた人の権利擁護のための差別オンブズマン、性別を理由に差別を受けた人の権利擁護のための平等オンブズマン、障害者の権利擁護のためのハンディキャップ・オンブズマン、同性愛者の権利擁護のための性的指向オンブズマンが統一され、再構築されて設置された(7)。

スウェーデンにおいては、すべての国民の生活を保障するということを基盤として、社会福祉政策が発展してきた。その政策は「スウェーデン・モデル」として世界に知られてきたが、歴史の中で、より良い生活を追求してきた結果であり、現在も社会で共に生きるためのより良い方法を模索し続けている国であるともいえる。

参考文献

河東田博（二〇一三）『脱施設化と地域生活支援―スウェーデンと日本―』現代書館
清原舞（二〇一二）「身体障害者福祉政策の歴史的展開」『桃山学院大学社会学論集』第四五号第二号、桃山学院大学総合研究所
仲村優一ほか編（一九九八）『世界の社会福祉１―スウェーデン・フィンランド―』旬報社

(四) デンマーク

デンマークは、ヨーロッパ大陸に近いという地理的な影響もあり、他の北欧諸国より早くキリスト教の布教が始まった。福祉サービスも教会による慈善事業により展開されていた。そのため、病人や貧困者は教会や修道院の慈善事業として救済され、一五三六年の宗教改革以後、国王の管理下に救済措置が移されたが、実質的には、キリスト教(特にプロテスタント)の教会区で、牧師を中心に実施されていた。一七〇八年、救貧令が制定され、以前より組織的に実施されるようになったが、対象者は就労能力のある者とない者とに区別された非常に限定的なものであった。

一八四九年、国民の生活権を保障し、個人の財産権の不可侵を規定した自由主義憲法(一八八二年に制定された憲法を改正したもの)が制定された。民主主義国家として発展する上で非常に大きな影響を与えた憲法であるが、貧困のために公的扶助を受けている者に対する所有権および市民権は制限されていた。この自由主義憲法を基に、一八九一年、貧民救済法および老人支援法が制定され、貧民扶助受給者に選挙権を与えると同時に、高齢者に対する手当の財源に租税を導入した。その後、保険料を財源とした医療保険(一八九二年)、失業保険(一九〇七年)が導入され、一九二〇年代になると障害者手当に関する法律(一九二一年)、改正老人支援法(一九二二年)などの社会福祉関係法が成立した。

一九二九年に政権を再びとった社会民主党政権は、世界大恐慌の波の中で、一九三三年大改革といわれる、社会保障・社会福祉制度の改革に乗り出した。この改革により、それまで五〇以上あった関係法が、国民健康保険法、失業及び職業紹介に関する法律、事故保険法、公的保護に関する法律という四つの法律に統合され、福祉施策の体系が形作られていった。(8)

一九四〇年に、デンマークは、ナチス・ドイツに侵略されたが、犠牲を最小限にするためにわずか二時間で降伏した。侵略されていた約五年間、国民はレジスタンス活動を激化させ、ナチス・ドイツのレジスタンス弾圧も激しさを増していった。この歴史が、戦後、二度と子孫に辛い思いをさせないように、平和と幸福の実現に向けて、デンマークが徹底した福祉社会を目指す契機になったともいえる[9]。

第二次世界大戦後から約五〇年間は、北欧型福祉国家として展開し、現在のデンマークの社会福祉諸制度の基盤となる法律が次々と作られていったのである。特に、一九五七年の国民年金法と一九五九年の知的障害児・者に関する法律（いわゆる一九五九年法）は、福祉国家として発展していく過程で、きわめて重要な法律であったといえる。国民年金法により、資産や所得にかかわらず、すべての六九歳以上の高齢者に老齢基礎年金が支給されるようになった。また、一九五九年法においては、知的障害者の親の会の運動が法律制定に非常に大きな影響を与え、「ノーマライゼーション」という言葉が初めて用いられた[10]。それにより、施設処遇中心だった障害者福祉政策から地域生活中心の政策へと変化していったのである。一九六〇年には、障害者の社会参加を目的としたリハビリテーション法が制定施行され、すべての人に対し、人として生きる権利を保障した体制が成立した。

一九六〇年代は経済が豊かになり、スウェーデンと同様に、最も福祉政策に力を入れた時代でもあった。女性の就業率も増え、未婚の母親や若年夫婦の増加など家族形態も変化し始めた。社会変化に伴い、一九六四年、社会改革委員会が設置された。社会改革委員会は、一九六九年と一九七〇年の二度にわたり、報告書を提出し、公的サービスで、予防、リハビリテーション、アフターケアを目標とすることを示した。また、地方自治体の統合・合併を含む社会福祉制度の改革を提言し、デンマーク型福祉モデルの基礎が形作られた。

一九七〇年代以降は経済が低迷し、社会福祉政策の再編を試みた。政策の中心課題は、コムーネ（日本の市町村に該当）の統合・整備することであり、それまでの中央集権的な政策から地方分権的政策へと方針が試みられた。並行して、一九七〇年、社会福祉および特定の保健行政事務の管理に関する法律が制定され、政府管轄の福祉および保健に関する行政事務がアムト（日本の都道府県に該当）とコムーネに移管された。一九七四年には、それまでバラバラであった福祉関係法を一本化した、生活支援法が制定された。この法律は、枠組み法と言われ、支援が必要なすべての国民にサービスが提供され、その責任は、アムトとコムーネにあると規定された。

一九七九年には高齢者の増加を鑑み、高齢者福祉委員会が設置された。そして自己決定・生活の継続性・自己能力の活用というデンマークの高齢者福祉の特徴とも言われる三原則を基に、一九八〇年代にかけて高齢者福祉政策の充実が図られた。高齢者施設を小規模化し、ホームヘルパーを利用しながら二四時間体制の在宅ケアが実施されるようになったのである。

その後、生活支援法は社会変化に対応して、度々改正が行われてきたが、人口の高齢化、女性の社会進出に伴う保育施設の不足、失業問題など次々と出てくる多様なニーズに対応しきれないという指摘がなされてきた。そこで、生活支援法は廃止され、代わりに社会サービス法、積極的社会政策に関する法律、社会的領域における権利保障および行政管理に関する法律、社会年金に関する法律および部分年金に関する法律の改正法という四つの法律が制定、翌年施行された。(11)

二〇〇〇年代からは、高齢者住宅の充実や地方分権を目指した自治体の再編、年金制度の改革、失業対策を中心に政策を展開している。現在、社会サービスを国民が受動的に受ける政策から、積極的に就労への機会を増やす政策へと転換を試み、高齢者の就労機会を増やす方向も模索されている。また、支援を受ける際の国民の権利を保障する仕組みを整備することも今日のデンマークの社会福祉政策の課題となっている。

デンマークの社会福祉の歴史を振り返ると、スウェーデンと同様に社会連帯の意識が強かったが、ナチス・ドイツに占領されていた時代を経て、一気に国民の民主主義への意識が強まったと思われる。「世界一幸福な国」と評されるデンマークが世界最高水準の福祉国家を築いてきたのは、国民の、次世代に困難な時代を経験させないようにしたいという努力によるものである。「国民が支配する国」デンマークは、その歴史的過程の中で、多くの犠牲を払いながらも、共に支え合う国家として成り立っているといえる、共生国家なのである。

参考文献

仲村優一ほか編（一九九九）『世界の社会福祉6—デンマーク・ノルウェー—』旬報社。

花村春樹（一九九四）『「ノーマリゼーションの父」N．E．バンク-ミケルセン—その生涯と思想—』ミネルヴァ書房。

注

（1）　ノーマライゼーション原理については、一九五〇年代にデンマークの知的障害児者を持つ親から始まった運動であると長年されていたが、河東田が、デンマークより早く一九四〇年代半ばに既にスウェーデンで、ノーマライゼーション原理に関する議論がなされてきたことを指摘した（河東田（二〇一三））。なお、ノーマラーゼーション原理の詳細についてはベンクト・ニィリエ／河東田博ほか訳編（一九九八）や花村春樹（一九九四）が詳しい。

（2）　Socialstyrelsen（二〇〇六）。http://www.sociatlstyrelsen.se/（検索日：二〇一四／一二／一九）参照。

（3）　特にこの法律において、第六条の援助を受ける権利が明記されたことが大きな特徴といえる。これにより、広範な社会サービスを国民の権利として受けることができるようになったのである。またコミューンが決定したサービスに不服がある場合は、不服申し立てを行うこともできるようになった。仲村優一ほか編（一九九八）参照。

（4）　通称LSS法と言われる。LSS法は全二九条から成り立っており、対象者を幅広く「機能障害者」とした。①障害当事者と家族に対する助言と個別援助、②パーソナル・アシスタンス（障害者の生活全般にわたるニーズに対して提供される個別援助のことであり、雇用形態は、障害者本人が面談して雇う（家族であっても良い））による支援と経済援助（六五歳以下の人を対象）、③移送サービス、④コンタクトパーソン（専門職ではないが、一般の人（当事者の家族や友人など）でこの仕事に関心がある人はコミューンと契約し、当事者の話し相手や相談相手など社会参加の手助けをすることができる）による援助、⑤レスパイトサービス、⑥ショートステイサービス、⑦一二歳以上の学童児童への課外活動（学童保育）、⑧里親制度または、何らかの理由で自宅以外に住む必要性のある児童・青少年のための特別サービスつきの住居、⑨成人用の特別サービス付きの住居（グループホームも含む）、⑩職業又は、学業にもついていない人のための日中活動支援という一〇項目のサービス内容についても規定している（清原二〇一二）。
（5）通称ＬＡＳＳ法と言われる。障害者の自立生活を可能にするため、援助を受ける時間や費用について規定している。ＬＡＳＳ法では、障害者の自己決定を尊重するという視点から、パーソナル・アシスタンスを障害当事者が雇用することも可能になった（清原二〇一二）。
（6）二〇〇九年に差別オンブズマン法に統一された。
（7）差別オンブズマンは、あらゆる差別を禁止し、マイノリティの権利擁護のために活動している（清原二〇一二）。
（8）仲村優一ほか編（一九九九）、一五二―一五四。
（9）花村春樹（一九九四）、三三―四二。
（10）花村春樹（一九九四）、八〇―八四。河東田は、一九五九年法制定に尽力を尽くしたバンク―ミケルセン（Neils Erik Bank-Mikkelsen, 1919-1990）は、一九四〇年代半ばからのスウェーデン社会庁で議論されていたノーマライゼーション原理に注目していたと指摘している（河東田二〇一三）。
（11）仲村優一ほか編（一九九九）、一五八―一六〇。

第二章

先人たちの足跡をたどる

一．日本の先人たち

佐藤　信淵《のぶひろ》

（1769–1850）

■佐藤信淵の人物像と生い立ち

佐藤信淵は、江戸後期の農政学者、経済学者や経世家として、歴史に名を残している。また、江戸を「東京」と改称し、遷都を唱えた人物でもあった。

一七六九（明和六）年佐藤信季《のぶすえ》の長男として生まれる。信季の遺命により江戸に出て、宇田川玄随の門に入り蘭学及び本草学を学ぶ。吉川源十郎に神道を、平田篤胤《あつたね》に国学を学び、著作は、『農政本論』、『経済要録』、『混同秘策』、『垂統秘録』などがあり、貧民の救済を国家的事業となす思想を唱えた。

■社会福祉施設の前身としての五つの施設

佐藤信淵は、『垂統秘録』の中の「小学校篇」で、国家行政が最も大事なのは人民の養生喪死（生きているものを十分に養い、死んだものを手厚く弔うこと。民がこれを十分に果たせるようになることが、王道政治の第一歩とした孟子の思想）に関することであると言っている。そのために、小学校に廣済館、療病館、慈育館、遊兒廠《ゆうじしょう》、そして教育所を設置した。

①　廣済館（第一）…洪水・火災などの災難や飢饉・悪病の流行の際、官僚が現地視察を行い見分し、食糧・衣類・器物・材木・苫莚等を配布し、困窮を防止する施設である。また、災害により、損壊した道路や橋の改修工事を行った。地域の災害対策と生活保護を併せ持つ施設であった。

②療病館（第二）…治療や看病だけでなく、薬や病人の衣類および諸雑費を負担する。健康管理と生活補償を備えた病院である。この病院は、地域住民だけでなく旅人も利用することができた。

③慈育館（第三）…貧困の赤子を養育する施設であり、乳児院や児童養護施設の役割を持つ。高齢者や病弱で仕事ができない者等が乳幼児の世話を行った。乳幼児が四、五歳になると遊児廠へ送られた。

④遊児廠（第四）…幼児を遊楽させる施設であり、慈育館と同様、養育を行う施設でもある。遊児廠は、慈育館からくる子だけでなく、各家庭の幼児も利用することができた。まさに現在の保育所である。遊児廠では、地域の高齢者等が世話を行い、子どもは七歳までここで遊び、生活を送った。

⑤教育所（第五）…四つの施設の統括管理を行う地域統括支援センターである。地域住民の生活状況を把握し、生活困窮者に対して迅速な救済措置を行う。すなわち、子どもを養育することが困難な貧民がいれば、その子どもを保護し、慈育館もしくは、遊児廠へ送る。疾病者がいれば療病館に、災害等が発生すれば、廣済館に報告し、食糧や衣類を配布する。子どもが生まれた時は名を記録し、住民が死んだ時は葬式を行った。八歳に到達した子どもは、ここで筆算および雑書の素読等を教えられ、優秀な者は小学校で勉学をし、その他の者は成長に合わせて、その者の希望する職に就かせた。

■佐藤信淵の意志とは

佐藤信淵は、子どもの保護や養育の重要さを強く説いた。信淵の時代は飢饉が頻繁に起こり、餓死する者が多数発生し悲惨な状態のなか、飢饉の恐怖により赤子の間引き（人口調整を行うために子どもを堕胎、陰殺する行為）が行われた。この悲惨な状態を目の当たりにした信淵は、「国家衰微の病根を除き、万民貧窮の苦痛を去る」[1]ために、経済学を樹立し、貧困の問題に進み、社会の組織構造問題に及んだのである。

佐藤信淵は、社会事業家ではないが、彼の思想は『日本教育史論』（春山作樹著）に強く影響を及ぼし、社会福祉施設の意義を唱えたものであった。

佐々木　五三郎

(1868–1945)

■孤児救済に身を投じた動機とは

一九〇二（明治三五）年に発生した冷害により、青森県弘前市では、貧困孤児が多数現れ、路上に放置された。この時期には、まだ、孤児救済を行う機関もなく有志もいない状況の中、佐々木五三郎は、それら孤児を救済するため、「東北育児院」を創設した。そしてその生涯を、子どもの養育を行うことに身を投じたのである。

五三郎の家系は医師家系であり、叔父にあたる佐々木元俊は、津軽藩の藩医として、津軽地方で初めて種痘を広めた人物である。その交際関係は、勝海舟や神田孝平（後の元老院議官）等、多面にわたる。また、五三郎の再従兄弟である陸羯南は、日本の国民主義を唱えた政治評論家であり、日本新聞社を興した。そして、正岡子規を支えた人物でもあった。医師としての志、国民のよりよい生活を営むための国民主義を主張した志は、社会福祉に通じるものである。社会奉仕という佐々木家の代々受け継がれた意志が、五三郎が孤児救済を決した動機になったと思える。

■石井十次との出会い、地域と共に歩み続けた道のり

一九〇〇（明治三三）年一月から一九〇三（明治三六）年二月までの石井十次が率いる音楽幻燈隊の活動状況によれば、一九〇〇（明治三三）年一〇月三日、四日に、弘前市を訪れている。社会事業家が岡山から救済孤児を引き取りにくる姿を目の当たりにした五三郎は、青森県に孤児を救済する施設がないことに強く悲痛し、自ら立ち上がり、事業を開始した。しかし、その道は険しく、東北育児院は間もなく資金難に苦しむことになる。当時は、「福祉」という言葉など存在せず、一個人が多数の孤児を養育していくのは、極めて困難な時代であった。育児院の養育費にあてるため、弘前市に「慈善館」と呼ばれた映画館を建設し、その収入を孤児院運営に充てた。収益が少ないときには、街頭に立ち、「血も涙もある弘前の市民よ」と演説を行い、孤児救済の理解を市民に求めた。東北育児院は、慈善館

の収益だけでは賄うことができず、弘前市民の理解、援助によって成り立っていたのである。

■五三郎の人物像

自他共に、厳しい性格の五三郎であったが、その心中は、常に子どものことを考えていた。ある日、豪華な食事を出された五三郎は、食事に箸をつけず、「育児院の子どもに、飢えさせないだけのことはしているが、子どもたちを想うと胸がいっぱいで食べるわけにはいかない」と涙を流した。常に子どもたちと同じ食事を採り、一緒に生活をしていた五三郎にとって、子どもたちはかけがえのない存在であった。東北育児院の関連施設で生活し、その後社会にでた方からの一通の手紙の一部を紹介する。

私は、弘前幼稚園のころから顔を知られており、かわいがられた記憶がある。皇居で叙勲され帰ってきたとき、私にお土産を何も買って来なかったので、その代わりと自分の懐中時計、鎖付きをくれ、私はこの時計を現在も大事に持っている。厳正にて温顔、温情溢れる人物であった。（中略）懐中時計は現在まだ大事に持っているが高齢の私の手許におくよりも、佐々木五三郎先生の遺品として佐々木家の縁のある方にお返し申し上げるのが至当と考え、お返しするものである。（平成一六．八．三　岩谷井氏の手紙）

懐中時計を通して、岩谷井氏の幸せを支えた五三郎の福祉愛は深く、この感動が、新しい福祉を担う人々を導いていく。

五三郎は、孤児救済だけでなく、高齢者保護の観点から一九三二（昭和七）年に養老救護院を創設し、一九四五（昭和二〇）年にその生涯を終えた。座右の銘は、「子は神なり。之を愛するは人の道なり」。孤児救済を始めて四〇余年、ひたむきに孤児救済にすべてを投じた五三郎の意志は、強靭であり、その使命感は甚大であった。五三郎の博愛に見守られた二〇〇〇人を超える子どもたちが、社会に羽ばたいている。

渋沢　栄一

(1840–1931)

■渋沢栄一と社会事業の関わり

「日本資本主義の父」として知られる渋沢栄一が、社会福祉の萌芽としての社会・公共事業にも深く関わっていたことには意外性を持たれることが多い。わが国で最初に銀行を作ったことを皮切りに、株式取引所の設立、保険会社創設、民営の紡績工場の設立など、日本の経済における渋沢の活躍があまりに華々しく印象が強いからである。

渋沢は経済活動の結果、貧富の差が生じることになっても過度な偏在を認めず、社会全体を豊かにすることこそ国の発展につながると信じていた。そのため経済界から身を引いた後も、社会事業には生涯関わり続けた。

渋沢栄一
出所：国立国会図書館
ウェブサイトより

■生育歴と東京養育院の運営

一八四〇（天保一一）年、武蔵国榛沢郡血洗島（現埼玉県深谷市大字血洗島）の農家に生まれた渋沢は、研究熱心で誠実、厳正な父と慈悲深く私欲のない母から多大な影響を受けた。一二才の頃は勉学と読書に熱中し、繰り返し読んだ論語は生涯にわたっての指針となった。また、一三才頃から養蚕、藍の買い入れなど家業にも従事し、当時から人並み外れた商才を発揮していた。加えて渋沢には封建制度の矛盾に対する反発があった。父の名代で御用金調達の命を受けた際、役人の高圧的で傍若無人な態度に心底立腹した経験は、後の社会事業における平等意識に繫がる。

徳川慶喜の家臣として幕府に仕えていた渋沢は、明治維新後、大隈重信を中心とした明治政府に引き抜かれる。大蔵省租税正の任を受けた渋沢は、逼迫した政府の財政を立て直すため、国の経済、財政制度の基盤形成に取り組んだ。しかし、国民の生活を無視した政府の無秩序な予算編成のあり方に渋沢は異論を唱え、一八七三（明治六）年に大蔵省を退官した。その後、自らが創設した銀行制度を軌道に乗せるため、第一国立銀行総監役から頭取にまで上り詰めた後、渋沢の言う「偶然」から東京養育院の運営へと関わることになる。

一八七四（明治七）年、東京府知事から共有金取締方を委嘱された。この共有金とは寛政の頃に積み立てられたものであり、使途は主に府のインフラ整備、救貧施設の設置・運営などであった。そしてこの共有金が養育院設置に充てられたのである。共有金取締方を担った渋沢は、否が応でも養育院の運営に関わることになる。養育院は浮浪者等を保護、収容する施設であり、府直轄の管理におかれた。地方税が運営費を補助することになると、徐々に増加する在院者数に対して「惰民養成」との批判が噴出し、養育院廃止論が叫ばれるようになる。渋沢の熱心な反論も及ばず、当時の逼迫した財政事情がその批判を後押しし、ついに養育院の廃止が決定した。そして一八八五（明治一八）年六月末をもって、養育院への地方税の支弁は全廃させられた。

しかし、渋沢は養育院の運営に関わる過程で、窮民救済の必要性とそれが社会全体の利益に通じることに確固たる確信を得ていた。そのため、私的に運営を引き継ぐことを決意する。一八八六（明治一九）年に設立された養育院慈善会も財政を支えた。会員には政・財・学界の実力者がそろい、実業家渋沢の影響力がいかに強いものかを知ることができる。私財を投じた渋沢の活動が実を結び、一八八九（明治二二）年、東京府から市政に移るのを機に東京市養育院として市が管理、運営することになった。その後も養育院収容対象者の範囲拡大、性別、疾病による分類処遇など、先進的に事業を進めた。

■現代社会福祉と渋沢の思想

日本経済の発展に多大な功績を残した渋沢であるが、その思想は現在の社会福祉にも通じるものがある。個人の幸福が国家の幸福を形成するとの思想は、平等主義を根底とした社会事業の原動力となった。経済競争によって富者が存在すれば、貧困者も当然存在するとしながらも、拡大する格差には国家による是正が必要であるとした。

「一方が善くて、一方が悪いのは、真の経済ではない」との考えは、相対的貧困が拡大する現代への警鐘でもある。

小河《おがわ》　滋次郎《しげじろう》

(1864–1925)

■感化事業の推進

民生委員制度の前身である方面員制度を考案した小河滋次郎は、当初感化事業に力を入れた。罪を犯した少年には刑罰ではなく、教育こそが必要であるとする感化教育を信念としていたからである。

小河は、一八六四（文久三）年、長野県上田市に、蘭医であった金子宗元の次男として出生した。一八八三（明治一六）年、東京大学法学部別科法学科に入学した小河は、当時の監護学研究第一人者、穂積陳重の影響で監護学研究に打ち込むようになる。卒業後は内務省警保局安保課に配属され、監護制度の近代化に邁進した。一八九四（明治二七）年に『監護学』を上梓した小河は、政府の代表として万国監獄会議に出席し、諸外国の監獄事情や諸制度を視察して感化教育研究を進めた。罪を犯した幼少年犯罪者に対して、教育的処遇を施す施設や仕組みづくりに取り組む中、幼少年犯罪の予防には「家庭教育」が重要であり、貧困家庭を救済する救貧制度の必要性も感じていた。

一九〇〇（明治三三）年に司法省に転属した小河は、各地に幼年監を設立した。これは幼少年犯罪者を収容して、教育的処遇を行うことに重点をおいた施設であった。しかし、革新的な小河の取り組みは周囲に受け入れられず、次第に省内で孤立を深めていくことになる。結局、司法省を退官し、清国の監獄顧問として二年間清国に渡った。帰国後は大阪府の嘱託となり、感化教育への情熱は失うことなく救済・社会事業へと活動の幅を広げることになる。

■大阪府赴任時代と方面委員制度

大阪府の救済事業指導者を担当した小河は、一九一三（大正二）年に救済事業研究会を主催し、毎月知事官邸で研究会を開いた。これは救済・社会事業の理解を深め、民間事業を育成することや、社会事業の理論の普及が目的であった。機関紙『救済研究』には小河の社会事業理論が展開されている。研究会の参加者は大阪府にとどまらず、京都、奈良、兵庫から訪れる関係者もいた。小河自身も大阪だけではなく、愛知県の社会事業の発展に貢献した。その一つが現在は児童福祉法に位置付けられている児童自立支援施設、国立感化院（現武蔵野学院）の創設である。

小河の救済事業に対する理論は、一九一二（明治四五）年に上梓された『社会問題　救恤十訓』にて見ることができる。欧米の救済事業を広く見聞した上での考察には、慈善に依拠した救済事業は濫給と漏給が避けられないため、科学的な調査の必要性が指摘されている。しかし、「窮民は国家より救済を受くるの権利ありと結論せざるを得ぬと云ふ訳は無い」と、救済の権利性は否定している。そのほかにも国民の「道徳的義務」や「隣保相互の美風」、「劣等処遇」など、伝統的な救済論を踏襲している点も特徴である。

『社会問題　救恤十訓』には救済事業のモデルとして、ドイツのエルバーフェルト市（現ヴッパータール市）における救貧委員制度が挙げられている。また、岡山県済世顧問制度も参考にして、小河が方面委員制度を考案すると、一九一八（大正七）年、当時大阪府知事であった林市蔵（一八六七－一九五二）は方面委員設置規程を公布した。

現在の民生委員にあたる方面委員は「常識的人格者」であり、「貧富の調整機関、階級的軋轢の安全弁たるべき地位」に加え無給の「名誉職」であった。地域でより身近な存在が方面委員には適任と、小河は一貫して考えていたのである。

大阪でスタートした方面委員制度は全国に広がり、一九二九（昭和四）年制定の救護法では、地域の補助機関と位置付けられた。その後、全国的な統一が図られ、一九三六（昭和一一）年に方面委員令として制定されている。方面委員制度はその後、制度変更を重ね、現在の民生委員として理念を引き継いでいる。

地域が抱える問題をいち早く把握する最も身近な存在の一人が民生委員である。決して関係性に権力が関わることなく、相談のしやすさ、頼りやすさを人選基準にした方面委員制度の理念が踏襲されているからである。地域福祉という言葉さえ聞かれない時代に、その先駆けとなる方面員制度を考案した小河の功績は大きい。

大原　孫三郎
（1880–1943）

■実業家として社会・文化事業を興進

一八八〇（明治一三）年に岡山県倉敷市で大原孝四郎の三男として生まれた孫三郎は、大原財閥を築いた実業家である。また、倉敷中央病院、大原美術館、大原社会問題研究所、倉敷労働科学研究所の設立など、社会・文化事業に心血を注いだことでも広く知られている。

地主兼商業資本家出身の孫三郎は、村政の反対派に耳を切られてもなお、「まだもう一方の耳があるから大丈夫だ」と言ってのけた豪傑な祖父、壮平と、その壮平に事業の才覚を認められて養子入りした儒家出身の父、孝四郎から自由な精神と学問を尊重する心、新しい世界を求める好奇心を受け継いでいる。

東京専門学校（現早稲田大学）の学生時代に、現在の価値でおよそ一億円の借金を作るなど、放蕩の限りを尽くした孫三郎に大きな影響を与えた人物の一人が、岡山孤児院で孤児院事業を展開していた石井十次である。一八九九（明治三二）年の夏、岡山孤児院の音楽幻灯会という催しで、初めて孫三郎は石井十次を目にした。岡山孤児院での実践に感動した孫三郎は、その後度々岡山孤児院に十次を訪ねて行くようになる。慈善の道に命をかける十次に傾倒した孫三郎は、十次と同じくキリスト教にも造詣を深めた。そして十次が没するまで金銭的に莫大な援助を続けた。

二七才で父、孝四郎から倉敷紡績の社長を引き継いだ孫三郎は、労働環境の改善に力を注ぐようになる。労働者も一人の人格者と認めることをモットーとして、ドイツ帝国の疾病保険を見本とした共済会を設立したり、それまで大部屋式で劣悪な環境であった工員宿舎を分散式の家族的な寄宿舎に建て直したりした。

大原孫三郎
出所：兼田麗子『福祉実践にかけた先駆者たち』藤原書店　2003年

■大原社会問題研究所の設立

孫三郎の労働環境改革は、倉敷紡績から社会全般へ向かうことになる。一九一八（大正七）年に富山で起きた米騒動をきっかけに、農民運動、労働運動が全国各地で頻発した。貧富の差は益々拡大し、社会問題が深刻化していくなか、解決するには科学的な研究が必要であるとの考えに至り、一九一九（大正八）年、大原社会問題研究所を設立する。しかし、徐々にマルクス主義をはじめとした経済学の研究に特化した経緯から、次第に政府から危険視されるようになった。「下駄と靴を片方ずつ同時にはけると思ったが、この考えは無理だったことを悟った」と後に述懐したように、資本家が反資本主義的な研究所を持つことに相当な困難があったと推測される。後に、大原社会問題研究所の労働問題を扱う研究部門を切り分け、倉敷紡績内に倉敷労働科学研究所を新設した。この研究所の中心人物である暉峻《てるおか》義等《ぎとう》は、より実践的な労働科学の追求を目指した。暉峻の求める労働科学とは、人道主義に立脚しており、機械的な労働を否定したうえで人間尊重の視点を基盤に労働を研究する実践科学であった。科学的な裏付けを持った調査研究は、倉敷紡績女工員の深夜業撤廃、労働時間の短縮、福利施設の整備など、数々の成果を上げた。

■孫三郎の功績

孫三郎は先祖から受け継がれた財産を、私利を求めるために投資するなどという考えはなかった。生涯にわたって社会事業へ投資したのである。また、倉紡中央病院（現倉敷中央病院）をはじめ、世界的な名画が数多く展示されている大原美術館の開設など、フィランソロピスト（博愛主義者）として市民社会の発展に与えた影響は大きい。なにより、世界的にも労働問題を研究する黎明期にあった時代に、いち早く労働科学研究所を立ち上げ、労働問題の解決に寄与した孫三郎は、今日の常識的な福利厚生の確立に大きく貢献した。それは単なる温情主義によるのではなく、あくまで科学的な研究を土台としたところに特徴がある。

民主的で平等な価値観を貫いた孫三郎の生涯は、暴走を見せる資本主義経済の真っ只中にある現在だからこそ、いっそう示唆に富んでいる。

賀川　豊彦
（1888-1960）

■神戸のスラム街での活動

一八八八（明治二一）年、賀川豊彦は、純一と益栄の次男として神戸に生まれた。五歳の時に両親と死別し、姉と共に徳島の父の本家に引き取られた賀川は、一三歳で肺結核を患い、孤独な少年時代を送った。その後、宣教師に英語を学んだことからキリスト教と出会い、洗礼を受けて神学校に進学した。在学中にあと二年の余命と宣告を受け、賀川はそれならばよいことをして死のうと考えた。療養中に読んだアーノルド・トインビーやバーネット夫妻の影響が大きかった。

一九〇九（明治四二）年から、賀川は病の身も顧みず、神戸のスラム街に住み込み救済を始めた。スラム街は社会問題の吹き溜まりであり、予想をはるかに超えて厳しかった。しかし逃げ出すことなく、次々と必要な社会事業活動を展開した。家のない人のために無料宿泊所や安く食事ができる食堂の開設、病人の介護、仕事のあっせんなど、その活動は生活の様々な分野に及んだ。賀川はスラム街の活動において住民同士の相互扶助を大切にした。

賀川豊彦
出所：賀川記念館
ホームページより

■労働組合運動から生活協同組合運動へ

救済を進めるなか賀川は、自分の今の活動では貧困とそれゆえに悪の道へ堕ちていく人々を真に救済することはできないと悩んでいた。一九一四（大正三）年、アメリカのプリンストン大学に留学した賀川は、ニューヨークのユダヤ人街で六万人の労働者のデモ行進に遭遇し、この光景から防貧の必要性に目覚める。なすべきことは貧民救済のための事業ではなく貧民のいない社会をつくることである。それには、労働者が自覚して生活を立て直すとともに、労働者が貧民に陥らないように正当な賃金を受け、病気や負傷の場合にも生活が保障されるために、労働者による労働組合をつくることが必要だと考えた。

一九一七（大正六）年に帰国すると、活動の主軸は、窮民への慈善活動から窮民を生み出す社会体制の変革運動に移った。賀川は、神戸地区の労働運動に参加し、次第に関西一円の指導者となった。さらに、労働運動と併行して消費組合運動をおこし、大阪に購買組合共益社を組織した。一九二一（大正一〇）年には神戸市において、神戸購買組合と灘購買組合を設立した。こうして賀川は、わが国の社会運動の先頭に立ち、労働組合運動へ、さらには生活を共に支えあう生活協同組合運動へと活動の中心を移していった。

この後、一九二三（大正一二）年の東京横浜地方の大震災の救援のため、イエスの友会の同志を伴って東京に移り住み、救援ボランティア活動に献身した。また、一九二五（大正一四）年に、賀川はアメリカに留学経験がある若い牧師の吉田源次郎と大阪の労働者街に四貫島セツルメントを創設した。ここでは労働者向けの人格的接触や教育・学習講座を盛んに実施した。賀川は、自分の主張を人格的社会主義と呼び、それには愛と人格の組織化や社会化が必要であると述べた。資本主義で生じる社会問題解決のために社会主義国家ではなく協同組合国家を実現しようと考えた。

一九四五（昭和二〇）年の敗戦後は、わが国のリーダー的存在として戦後処理と復興改革にも関与した。賀川は、生涯を通じて日本と世界にキリスト教の伝道を行い、戦後は伝道のかたわら世界連邦運動を提唱するとともに、生協運動の指導者として活躍した。その一方、宗教、哲学、経済、社会、随筆、小説等、多岐に渡る著作を発表している。代表作の小説『死線を越えて』は日本最初のベストセラーとなった。

賀川の活動は明治・大正・昭和にわたり日本国内だけに留まらず海外においても数多くの同志を組織して展開され、その運動や事業は発展し現在においても広い範囲に渡って継続されている。しかし、賀川の活動のすべてが評価されてきたわけではない。葛藤を抱え孤独と戦いながらも自身が信じる道を訴え続けた生涯であったと言えよう。

志賀　志那人

（1892–1938）

■公立セツルメントの館長として

志賀は一八二九（明治二五）年、熊本県阿蘇郡産山村に生まれた。中学校時代にキリスト者の会に参加し、日本聖公会熊本聖三一教会で受礼した。一九一三（大正二）年に東京帝国大学に入学した志賀は、社会学の理論や社会調査を学び、社会問題や社会運動への実践理解を深めていった。一九一六（大正五）年、大阪基督教青年部に赴任し、主事として宗教教育やグループワークなど青少年への教育活動に従事した後、一九一九（大正八）年より大阪市役所の救済課労働調査係の嘱託として勤めることになる。

一九二一（大正一〇）年、志賀が二九歳の時に日本初の公立セツルメントとして大阪・天神橋六丁目に開設された大阪市立市民館（一九二六（大正一五）年北市民館に改称）の館長に任命される。市民館は工場労働者、低所得層、小規模自営業者層が多く居住する大阪北部に位置し、周辺には貧困地域が広がっていた。市民館は大阪市北部のセツルメント拠点であるとともに、大阪市全域の社会政策センターとしての役割も求められた。彼はそれまでの経験と知識を注ぎ込んで全力で活動を進めた。

■地域住民による自治・協同の活動推進

市民館の事業内容は、身上・法律・職業相談、講演会・講習会・図書貸出・娯楽会、町内会・クラブ・諸集会、託児・保育組合、一般診療・歯科診療、授産・信用組合・生業資金融通など多岐にわたるばかりではなく、当時の大衆娯楽の中心であった浪曲を教材に利用するなど、実に自由な運営がなされていた。志賀は、事業を市民館だけの完結

志賀志那人

出所：志賀志那人研究会　代表・右田紀久恵編『都市福祉のパイオニア志賀志那人　思想と実践』和泉書院　2006 年

したものと考えず、公的機関の利点を生かし併設施設を地域活動と結び付けたり、民間機関との協力関係を築いた。また、地域の人々に市民館の積極的利用と協力を呼びかけ、利用者自らの自治と協同にもとづく取り組みを重視した。セツルメント活動は人格交流、人と人との接触であるとし、志賀は市民館運営の中で人という要素を非常に大切にした。人の能力を見極め、その能力を最大限に引き出し、活躍の場をつくることを自身の役割とした。

特徴的な市民館の独自の取り組みとして、志賀は労働者の自主的な取り組みの組織化から一九二六（大正一五）年に協同組合方式によって愛隣信用組合を設立させた。また、消費に計画性がなく、生活の向上が難しい状況から、預金組合を創設し、貯金を推奨して住民の生活向上に役立てた。

さらに、一九二五（大正一四）年には日本で初めての協同組合による保育所を誕生させた。保育組合では、お母さんを理事に入れて保育の運営を当事者で考えさせるなど、自治的な運営を図った。また、子どもたちの成長には自然とのふれあいが重要であるとし、電車を利用しての郊外保育の実践を行った。

志賀が、銭湯で近隣住民と親しく世間話をしながらニーズ調査をしたことを称して「風呂屋社会事業」と言われたように、彼は地域住民との交流を大切にしながら地域の福祉問題を積極的に把握し、その改善方法を模索し続けていた。一方で、日本のセツルメント活動のリーダーとして理論研究や関係機関の調整に当たった。

志賀は、表裏のない明るく温かく爽やかな人柄で多くの人を魅了し、多くの組織を育て、実践において大きな影響を与えた。一九三五（昭和一〇）年、志賀は市民館の活動から離れ、大阪市社会部長に就任する。そして一九三八（昭和一三）年、四三歳の若さで自宅にて急逝する。葬儀は北市民館で行われ多くの市民の参列があった。志賀のセツルメント活動は短いものであったが、彼の活動からは常に市民とともにあり続け、人と生活を総合的にとらえることの重要性を学ぶことができる。

片山　潜

(1859–1933)

■苦学を重ねて労働運動・社会事業を学ぶ

一八五九（安政六）年に岡山県の農家に生まれた片山潜は、次男であるため自立の道を探らざるをえず、「学問で身を立てたい」と考えて一八八一（明治一四）年に上京した。印刷工として働きながら学び、前途に不安を抱いていた時、渡米した友人岩崎清七から「米国は貧書生も学問の出来る国なり」との便りを受け取り、一八八四（明治一七）年に単身渡米した。片山はアメリカで受礼し、熱心なキリスト者となった。

アメリカでは、主に家事奉公人として、料理や給仕あるいは掃除・洗濯などの雑用に従事した。貧苦と辛く厳しい労働に耐えて貯めたお金を学費とし、一段上の教育を受けるといった生活を続けた。カリフォルニア州オークランドのホプキンス・アカデミー、テネシー州のメリーヴィル大学、アイオワ州のグリンネル大学（現アイオワ大学）、さらにアンドーヴァー神学校とエール大学神学部で学んだ。片山は、ひたすら高等教育を受けることに執着し、苦学を重ねて学位を取得した。アメリカで学ぶにつれ、片山は社会問題の本場であるイギリスの現状を見てみたいと考え、イギリスにも行った。イギリスでは各都市がどのような社会問題を抱え、どのように解決しようとしているのかを見て回り、ロンドンではトインビー・ホールを拠点に、労働運動や社会事業の主要な動向を視察した。セツルメント活動や都市改良、社会事業の実践と理論を学んだ片山は、一八九六（明治二九）年に一一年ぶりに日本に帰国する。

■日本初のセツルメント拠点「キングスレー館」の設立

帰国後の片山は、牧師や伝道師となることを望んでいたが、思うような働き口はなく、神学校の先輩でもあった宣教師ダニエル・グリーンの財政的援助のもとに、キリスト教社会改良主義を実践するため、神田三崎町にキングスレー館を設立した。日本最初のセツルメントの始まりである。「当市民の幸福進歩発達を図る」などを目的に掲げ、定款はサウスエンド・ハウス協会をモデルとした。市民が自由に出入りし、労働者教育を中心とした活発な活動が開始された。ここでは、幼稚園や職工のための学習会、青年クラブなどが開かれたほか、西洋料理講習や片山の体験にもとづく渡米案内などが催された。また、低所得者向けに協同組合的な共同店を設立し安い物資を販売したり、徒弟夜学会や小僧夜学会などを行い、教育の機会に恵まれない子どもたちの学ぶ場も提供した。こうしてキングスレー館は地域の拠点として定着し、各地にセツルメント活動が広がっていった。

一方で、片山と労働運動との関係が深まっていく。労働運動家の高野房太郎らと労働組合期成会の結成に参加し、『労働世界』を刊行した。さらに、労働立法運動や普選運動を進め、社会主義の実現を目指して都市問題研究会や社会主義研修会も開いた。これらの活動もキングスレー館が拠点となった。

片山が社会主義に接近するにつれキリスト教会関係者との間は疎遠になり、独力でキングスレー館を維持しなければならなくなった。キングスレー館でのかつての活発な活動は次第に見られなくなり、一九一四（大正三）年にその事業を終えた。その後片山は渡米し、国際的な国際共産主義運動の指導者として働き、一九三三（昭和八）年一一月、モスクワにて死去する。

片山は日本のセツルメント活動の先駆者である。また、日本労働運動、社会主義運動の先駆者という一面もある。片山の活動は、セツルメント活動から労働運動に変わっていくも、片山にとっては一体のものであり、労働者のためにという信念は変わることはなかった。その姿から、労働者の痛みや苦しみを理解し、迷いながらも労働者にとって暮らしやすい社会の実現を追及し続ける強い意志を感じる。

石井　十次

(1865–1914)

■医学から孤児救済の道へ

石井十次といえば、孤児救済に生涯をかけた「児童福祉の父」として有名であり、近代日本における代表的な慈善事業家である。

十次は、一八六五（慶応元）年、現在の宮崎県児湯郡高鍋町に生まれた。藩校明倫堂、高鍋島田学校で学んだ後、海軍士官を志望して上京するも、脚気を患い帰郷した。一七歳の時に、宮崎病院長の勧めにより岡山県甲種医学校（現岡山大学医学部）に入学し、医の道を志した。一九歳で洗礼を受け、熱心なキリスト教徒となった。二二歳の時、診療所に代診で赴いている際に、四国巡礼帰途の母親から男児一人の養育を託され、その後二人の子どもを預かった。同年、「孤児教育会趣旨書」を発表し、岡山市内の三友寺の一画を借り、孤児教育会（後に「岡山孤児院」と改称）を創設した。この時は、十次は医師の道を進むべきか悩んだ末、聖句の「人は二人の主に仕うること能わず」に従い、医学校を退学し、孤児教育に生涯をかける決心をする。一八八九（明治二二）年、十次が二四歳の時であった。

■孤児教育の実践

岡山孤児院では、一八九一（明治二四）年の濃尾大震災の被災児九三名を受け入れた。一八九五（明治二八）年には、岡山孤児院憲法を作成し、六歳以上一二歳以下の児童を対象として「天下無告の孤児を救済し其父母に代わって養育する」ことを目指した。一九〇五（明治三八）年からは、イギリスの孤児救済家ジョージ・ミューラの影響を受けて、無制限収容の実施を開始した。一九〇六（明治三九）年には、東北地方の大凶作における被災児八二五名を受け入れ、院児数は一二〇〇名余にも達した。

十次は、思想家ジャン・ジャック・ルソーの著書『エミール』の「子どもの教育は、心身の自然な発達段階に応じて、子どもの自主性を育て尊重し、諸能力を引き出すことにある」という教育理念に影響を受け、「時代教育法」を編み出した。それは、「幼年時代は遊ばせ、少年時代は学ばせ、青年時代は働かせる」というものである。十次の孤児教育実践は、「岡山孤児院十二則」、「家族主義、委託主義、満腹主義、実行主義、非体罰主義、宗教主義、密室主義、旅行教育、米洗教育、小学教育、実業教育、托鉢主義」に表れている。それは救済というより教育の実践と考えられる。一八九七（明治三〇）年には私立岡山孤児院尋常小学校を、一九〇六（明治三九）年には茶臼原農業小学校を設立している。大阪にも分園を設け、保育所や夜学校等隣保事業も手掛けた。

一八九七（明治三〇）年から音楽幻灯隊を国内外に巡回させ、寄付金を集めた。演奏会をきっかけに出会った大原孫三郎は、十次を物心両面から支える最大の支援者、継承者となった。一八九四（明治二七）年、「自然的教育」の地を故郷に求め、現宮崎県西都市茶臼原に院児の一部を移住させ、開墾や農業的労作に着手した。一九一二（明治四五）年には、茶臼原を「岡山孤児院分院茶臼原孤児院」と称し、岡山に里子だけを残して移住を完了させた。十次は、一九二八（大正三）年、四八歳で死去する。

■十次の精神から学ぶこと

十次は、キリスト教精神を基盤に、ジョージ・ミューラやルソー、ペスタロッチの教育論、二宮尊徳の報徳思想の影響を受け、先駆的・開拓的実践により孤児院を運営した。岡山孤児院十二則は、子どもたちを自活・自律の道へ導くための教えを示している。また小舎制や里子委託等は、現代にも通じるものがある。孤児院の資金繰りや茶臼原への移住といった想像を絶する苦難事業を、使命感に裏打ちされた不屈の精神で成し遂げた。そこに三〇〇〇人を超す孤児救済にかけた彼の比類のない意志の強さをみることができる。

十次の精神は継承され、宮崎県では「社会福祉法人石井記念友愛社」として共生社会実現に向け幅広く事業を発展させている。また、大阪でも「社会福祉法人石井記念愛染園」として医療・隣保・介護事業等が運営されている。格差社会が広がる今日、十次の精神の原点を辿る意義は大きい。

小橋　勝之助

(1863-1893)

小橋勝之助は孤児救済に三〇年の短い生涯をかけ、博愛社を創始した社会事業家である。博愛社は、勝之助亡き後、弟小橋実之助、林歌子らの尽力により発展し、現在も大阪市淀川区の児童・高齢者複合施設として事業を展開している。

■博愛社の設立

勝之助は、一八六三（文久三）年、現兵庫県相生市に生まれる。一六歳の時に父が他界し、小橋家の家督を継いだ。医師を志し神戸医学校で三年間修学した後、東京帝国大学医学部を志望して弟と上京したが、幼少期からの飲酒により心臓や肺を患い入院した。この体験から禁酒の誓いを立て、衛生学、道徳や感化教育に関心を寄せるようになる。東京で高瀬真卿らの私立予備感化院（東京感化院）の創設に参加し、自らも感化院設立の構想を持った。

その後、神田キリスト教会に出入りするようになり、一八八七（明治二〇）年に宣教師ウィリアムズから洗礼を受ける。ウィリアムズから人格的影響を受け、生涯貧しく弱い者のために献身することを決意した。このころ、後に博愛社の功労者となる林歌子も神田キリスト教会で活動していた。

一八八八（明治二一）年、母の危篤の知らせを受けて、弟とともに帰郷した。母亡き後の勝之助は、親類や村人から迫害を受けながらも屈することなくキリスト教の伝道活動を行い、その一環として教育事業にも関心を示し始める。一八九〇（明治二三）年、勝之助二七歳の時、小橋家の私財を投じて、小野田鉄弥や沢田寸二、前田栄哲、弟らとともに、孤児のための博愛社を創設した。石井十次が岡山孤児院を創設した二年後である。

■博愛社の構想

勝之助は、博愛社創設とともに七つの事業を構想していた。その七つとは、「博愛文庫の設置」「博愛雑誌の刊行」

「慈善的学校の設置」「慈善的高等普通校の設置」「貧民施療所の設置」「感化院の設置」「孤児院の設置」である。博愛社は当初、小橋家を居として孤児二名、預り児三名、職員六名の、農耕を主とした聖書購読中心の共同生活であり、勝之助の立てた日課に従い勉学と作業に従事していた。

一八九一（明治二四）年に岡山の石井十次と出会い、博愛社は岡山孤児院と提携して孤児院中心の事業に再編成された。濃尾大震災の際には、石井とともに救援に向かい、震災孤児院の設立に奔走するが、病が悪化し、死を覚悟した勝之助は林歌子に援助を求めた。二度の懇願を経て一八九二（明治二五）年に招聘は実現したが、一八九三（明治二六）年三月、勝之助は二九歳の若さで生涯を閉じた。博愛社設立三年目であった。

■実之助による継承

博愛社は、勝之助の遺言により弟実之助に引き継がれ、大阪に移転した。移転に際しては、勝之助の友人である阿波松之助を頼って、阿波邸の門長屋に仮住まいすることとなった。財政不安に陥りながらも自活独立の道を拓くために資金を集め、ウィリアムズら多くの人々の支援によって、一八九九（明治三二）年、創設一〇年目に博愛社は再出発した。

一九〇四（明治三七）年、実之助は林歌子の紹介で山本カツエと結婚し、実之助が男子に農業の指導を行い、カツエが女子に蚕の飼い方を教えながら、一〇〇人ほどの子どもたちを養育した。カツエは、一九三三（昭和八）年に実之助が六〇歳で亡くなった後、三代目社長として事業を継ぎ、終戦後の混乱期には戦災孤児や浮浪児を三〇〇人ほど保護し、家庭的な小舎制を取り入れ子どもを養育した。

小橋勝之助が創始した博愛社は、多くの人々の支援と努力によって長い歴史を刻み、日本有数の歴史を持つ児童養護施設として、さらには高齢者、障害者に関わる事業も拡大発展しており、短い生涯だったにもかかわらず勝之助の遺志は十分に受け継がれている。

野口　幽香《ゆか》

(1866–1950)

■幼児教育への関わり

野口幽香は、森島峰とともに一九〇〇（明治三三）年、東京麹町に日本で最初の貧児のための二葉幼稚園を創設した女性である。

幽香は、一八六六（慶応二）年、現兵庫県姫路市に生まれる。一八八五（明治一八）年、東京女子師範学校に入学したが、在学中に相次いで父母を亡くし精神的打撃を受けた。こうしたなか、級友に誘われキリスト教会に通うことで、絶望的孤独感から救われた幽香は、一八八九（明治二二）年に熱心なキリスト教信者となった。卒業後、日本初の幼稚園である東京女子師範学校附属幼稚園（現お茶の水女子大学附属幼稚園）に着任し、ここから幽香の幼児教育が始まる。その後、一八九四（明治二七）年に華族女子附属幼稚園（後の学習院附属幼稚園）が創設され、幽香は母校校長の勧めで職を移り一九二二（大正一一）年まで勤務した。幽香の同僚には森島がいた。森島は、米国カリフォルニアのスラム街で貧民幼稚園について学んだ人である。

■二葉幼稚園の設立と理念

当時の幼稚園は、富裕・上流階層の子どもたちを対象にしていた。幽香と森島は通勤途中で、貧しい家の子どもたちの姿を目にしていた。幽香らはこの子どもたちにフレーベルの教育理念に基づく幼稚園を創りたいと思い、宣教師ミス・デントンに相談した。デントンは募金のために慈善音楽会を開催し、その純益金をもとに一九〇〇（明治三三）年一月、東京麹町の小さな借家で近所六人の子どもたちを集めて二葉幼稚園の活動が開始された。専任保母として平野まちを採用し、幽香と森島は、華族女子附属幼稚園の勤務を続けながら、隔日二葉幼稚園に出園していた。「私立二葉幼稚園設立主意書」には、「予防の一オンスは治療の一ポンドに優る」と記されており、恵まれない貧しい家庭の子どもによい環境を与えることは、国民の義務であり、親の労働や家庭生活を支援するだけでなく、社会改善、社会改良対策として他の慈善事業よりも根本的で有効であると、貧児保育の重要性を述べている。

■家庭支援の実践

二葉幼稚園では、従来よりも長時間の保育を行い、衛生指導や病児の治療、園外保育の実施、卒園時の就学促進、保護者との交流や親への住居提供、貯金の指導など、子どもたちとその家庭支援のために様々な事業に取り組んだ。

一九〇六（明治三九）年三月には、明治の三大貧民窟の一つである四谷区鮫ケ橋に移転し、ここで本格的な「貧民幼稚園」を始めた。大正期になると、救貧・治安対策の一環として公立の保育所が開設されていった。鮫ケ橋の幼稚園ではすでに三歳以下の乳児を預かっていたこともあり、一九一六（大正五）年に「二葉保育園」と改称した。さらに、日露戦争や恐慌による貧民増大のなかで、新宿南町のスラム街に分園を開設した。学童保育や夜間診療所、廉売部設置を通して生活支援を行うとともに、母子寮の先駆である「母の家」を設置し、貧困母子の支援事業を拡大していった。

一九二三（大正一二）年、関東大震災で被災するが、一九二五（大正一四）年に再建し、震災救援や保護の活動を続けていく。幽香は、一九三五（昭和一〇）年、六九歳の時に二葉保育園の全ての責任を徳永ゆきに委ねたが、その後も皇后への修養講話の御進講を行うなどの活躍をして、一九五〇（昭和二五）年一月に八四歳の生涯を閉じた。

■幽香らの業績から

幽香は、キリスト教精神とフレーベル教育理念を基に、上流階層の子も貧民の子も分けへだてなく、子どもの状況に応じた教育を実践した。また、家庭支援にも幅を広げ、事業を展開してきたことは注目に値する。その志は現在も受け継がれ、社会福祉法人二葉保育園では、子ども・女性だけでなく地域社会を支える事業を展開している。

現代社会においても、子どもの置かれた環境を視野に入れた家庭支援のあり方が問われており、幽香らの実践には見習うべきことが多くある。

留岡　幸助

（1864–1934）

■キリスト教への入信

留岡幸助は、非行少年に対する教育の重要性を見いだし、家庭学校を創設して感化事業を発展させた人物である。

幸助は、一八六四（元治元）年、現岡山県高梁市に生まれた。生後間もなく養子に出され、雑貨商を営む留岡金助の子どもとして育てられた。幸助は商人と士族との不平等な扱いを不合理と考え、キリスト教の講演会で「士族の魂も、町人の魂も神様の前では平等である」という言葉に惹かれた。一八歳の時、洗礼を受けたことで幸助は養父から迫害を受けたが、信仰を堅持して、一八八五（明治一八）年、同志社神学校に進学した。

同志社時代には新島襄を「天下の大教育家」として尊崇した。また、ジョン・ハワードの伝記を読み、監獄改良の志を持つことになる。卒業後は、丹波第一教会の牧師として就任し、二年半伝道活動を行った。

■家庭学校の創設

一八九一（明治二四）年、監獄改良への道を捨てきれず、牧師を辞任して北海道空地集治監（監獄）に教誨師として赴任した。「密房教誨」として幸助が受刑者に個別面談を行った結果、彼らが罪を犯す要因に家庭や教育、環境が深く関わることに気づいていった。その後、幸助は一八九四（明治二七）年から渡米して監獄問題や感化教育施設を実地見分し、二年後に帰国した。米国では、エルマイラ感化監獄のブロックウェーと出会い、生涯の指針を得た。ブロックウェーから贈られた聖句「This one thing I do」を、幸助は「一路到白頭」と訳し、自らの座右の銘とした。

帰国後、霊南坂教会の牧師に就任するが、一方では、感化院の創設に向けて活動を続け、一八九九（明治三二）年に家庭学校設立趣意書を作成し、東京巣鴨に家庭学校を設立した。従来の感化院という名称ではなく「家庭学校」と名づけたのは、罪を犯した少年を善良な大人に育てるには家庭的な環境と教育が最も重要という考えからであり、その指標は「家庭にして学校、学校にして家庭」という言葉で表される。家庭学校では、徳育、智育、体育、宗教を重視した教育内容で指導していた。また、家庭学校内に慈善事業師範部を創設して従事者養成にも努めた。

■慈善事業の啓蒙と北海道家庭学校

幸助は、『感化事業之発達』（一八九七年）や『慈善問題』（一八九八年）という、日本の社会福祉理論の歴史において重要な著書を上梓している。特に、『慈善問題』は、日本で初めて慈善事業を体系的にまとめた名著とされる。

一九〇〇（明治三三）年、貧民研究会に井上友一や小河滋次郎らと参加するとともに、内務省嘱託となり政府の内務行政にも関わっていく。その一環としての感化救済事業の調査で、報徳社の視察を契機に二宮尊徳の報徳思想に影響を受け、その普及にも尽力した。また、一九〇五（明治三八）年には家庭学校の機関誌『人道』を出版し、慈善事業の啓蒙にも貢献した。

一九一四（大正三）年、北海道北見の社名淵に「感化農場と新農村」、すなわち家庭学校社名淵分校を創設した。現在の北海道家庭学校である。幸助は、感化教育には自然が、特に職業教育としては農業が重要だと考えていた。この教育実践の様子は後に『自然と児童の教養』（一九二四年）として上梓され、「元来教育は自然と人間との協同事業として成り立つものである」と論じられている。人間と自然の関係についての本質的な課題提起でもあった。その後、一九二三（大正一二）年には、神奈川県茅ケ崎に分校を設立した。

一九三四（大正二三）年、幸助は六九歳の生涯を閉じた。彼が創設した家庭学校は、現在も東京家庭学校（児童養護施設）、北海道家庭学校（児童自立支援施設）として引き継がれている。

■幸助の残したもの

幸助は、教育と労作を重視し、宗教と学術とが融化・調和した、いわゆる「学術的慈善事業」を「慈善問題」の中心に据え、内務省内での専門部局の設置や慈善同盟会の創設を推進するとともに、慈善事業の組織化を唱え、日本における近代的社会事業の礎を築いた。

間人《はしうど》　たね子

(1847–1921)

■寺子屋からの出発

幼児保育事業の先駆けとして、兵庫県神戸市にて「間人幼児保育場」を設立した間人たね子は、生涯のほとんどを子どもたちの保育・教育に情熱を注いだ。

出発は、たね子の祖父が手掛けた寺子屋であった。間人家は海運業で栄えていたが、家業が傾き祖父が自身の才をもって寺子屋を興して生計を立てるようになった。たね子の父、間人近正の時代には、常に二〇〇名以上の児童を抱える寺子屋として全盛期を迎えた。たね子は父のもと、幼少期から厳しい教育を受け、徳育を重視した父の気風に早くから影響を受けた。また、大勢の児童の教育を自身も父の右腕として支えてきたことが、後に幼児保育場の立ち上げを決意させる礎となった。

たね子は三代目として寺子屋を継ぐため、芦屋村から公恭を婿養子に迎え、二人で寺子屋の充実に尽力した。しかし、一八七二（明治五）年、学制発布により全国の寺子屋が廃止されることになった。学制発布とは日本で初めての近代教育制度で、小学校から順次その整備が進められたが、内実は財政的裏づけが不十分で、高い授業料を払ってまで労働力である児童を通学させられないという家庭も多かった。このため、児童の七割は教育を受けられず、小学校設立を巡って反対一揆も各地で起こっていた。一方で、近代的教育の必要性を感じていた公恭とたね子は、これまでの寺子屋を新しい小学校の校舎として提供し、新政府の方針に積極的に協力した。寺子屋は神西小学校に生まれ変わり、公恭はここで校長として過渡期の教育を担った。

順風満帆な生活に思えた矢先、公恭が不慮の事故で亡くなるという不遇に襲われる。この時、たね子は二七歳であった。この出来事に加え、神西小学校の仮校舎として提供されていた間人家の家屋が小学校新築とともに戻されたこともあり、たね子はもう一度、教育事業に携わることを決意した。

■子守学校から間人幼児保育場へ

この時代、家業が忙しい母親の代わりに、小学校に通う子どもたちが弟や妹をおぶって通学したり、就学年齢に達しない幼児たちが放置されたりする光景がよく見られた。放置された幼児たちがウロウロする姿を見るにつけ心を痛め、何とかしたいと思ったたね子は、元の教室を活用した子守学校を開いた。この経験と近隣住民からの熱い要請を受け、一八八六（明治一九）年、たね子が四六歳のとき、ついに「間人幼児保育場」を開設した。翌年に「間人幼稚園」と改称し、兵庫県内で初めての保育事業として、幼児教育の発展に貢献した。というのも、当時、全国の幼稚園はわずか三八か所、幼児教育は一部の上流家庭の子息のものという捉え方が一般的で、正しい理解がされていなかった。そんな中、たね子は貧しい家庭の子どもたちを含め、幼児たちがのびのびと育つための養護・保育の必要性を強く感じ、女性一人で未知の事業を手がけたのだ。「間人幼稚園」は、これ以降に急速に広がった幼稚園設立の動きの先陣を切る実践であった。

間人幼稚園の特徴のひとつが、保育料を巡る取り決めである。間人幼稚園規則で、「維持方法：幼児保育料を以ってこれにあて設立者の自費を以ってこれを補う」、「保育料：父兄保護者の適意に任す」とした。つまり、保育料は保護者の負担能力に応じて保護者の任意とし、不足は間人家が私費を投じるという内容である。間人幼稚園の福祉的保育の源流が垣間見える。

間人幼稚園は、たね子が七四歳で逝去するまで約三〇年に渡って保育を担った。

糸賀　一雄
（1914–1968）

■近江学園設立まで

「この子らを世の光に」というあまりに有名なこの言葉は、まだ知的障害児に無理解であった大正から昭和当時の社会に一石を投じた。そして糸賀一雄の著書である『福祉の思想』は、一九六八（昭和四三）年の発刊以来、色あせることなく現在も教典として存在し続けている。

糸賀一雄は、一九一四（大正三）年に鳥取市で生を受ける。松江高校に入学後は肺結核を患い、終生この病を抱えながら生きることになる。肺結核を抱えながらの辛い生活が、やがてキリスト教との出会いに繋がり、宗教哲学を志す道を切り開くのである。

京都帝国大学に進学して宗教哲学を専攻した一雄は、決して丈夫ではない体に鞭打って教会へ通い、信仰活動を続けていた。そんな時に同じクリスチャンであった、小迫房と出会い結婚するのである。房は公私にわたりパートナーとして一雄を支えた。

糸賀一雄
出所：公益財団法人
糸賀一雄記念財団
ホームページより

学生生活を終え、一雄が小学校の教員として働き出した時期に運命的な出会いを経験することになる。近江学園をともに創設する池田太郎である。その後、徴兵されるもその病弱な身体ゆえに除隊となった一雄は、除隊後に京都大学教授の木村素衛の推薦で滋賀県の奉職に就き、近藤壌太郎知事のもと官僚として活躍していくのである。そんな中、池田の紹介によりもう一人重要な人物との出会いに恵まれる。池田に連れられて滋賀県の滋野小学校特別学級を訪問し、そこで田村一二と出会うのである。この三人が、後の近江学園設立メンバーとなった。当時で言うところの精神薄弱児（知的障害児）への教育、療育について三人は語り合い、意気投合して知的障害児が生活と教育を一体的に行う目的で石山学園を設立するのである。

第二次世界大戦終結後、深刻な食糧難であるにもかかわらず、一雄、池田、田村の三人は近江学園設立に向けて着々と準備を進める。滋賀県知事にも協力を取り付け、ついに一九四六（昭和二一）年に同胞援護会滋賀県支部、滋賀県社会事業協会の共同経営という形をとって、近江学園が設立されたのである。一雄が三二歳の時であった。

■糸賀一雄の思想

近江学園の特徴は、全職員がともに生活することを通して、教育、療育を行っていたことであろう。また、独立した医局、研究部に医師、研究員を置き科学的な根拠に基づく教育、研究を実施していた点も大きな特徴である。この取り組みは瞬く間に全国に広がり、一雄は講演や研修で全国に飛び回り、近江学園は見学者や相談者で溢れかえった。しかし、晩年は何度も心臓の発作で倒れ、回復もおぼつかないまま、別の講演先へ移動することもしょっちゅうであった。最後は滋賀県大津市での講演中に倒れ、そのまま病院へ担ぎ込まれ帰らぬ人となった。

糸賀一雄の功績は、近江学園に代表されるように、日本の知的障害児への療育を進ませた点に揺るぎはないが、その実践から積み上げられた科学的な根拠を持つ思想、理論であろう。著書である『福祉の思想』には知的障害児が光ることのできる社会の必要性を示している。

まだ福祉という言葉に馴染みがなかった時代、知的障害児との関わりから、差別や偏見を科学的に捉え、それが当事者と社会との関係性に起因する問題であることをいち早く暴いていた。一雄は、「この子らに世の光を」ではなく「この子らを世の光に」にこだわり続けた。それは障害者が哀れみの対象ではなく、一人一人が輝く社会こそが、主体的に生きられる幸福な社会であることを意味するからである。

石井　亮一
(1867–1937)

■孤女教育から知的障害児教育へ

「日本の知的障害者教育・福祉の父」と呼ばれる石井亮一は、滝乃川学園の創始者であり、現：財団法人日本知的障害者福祉協会の創始者、初代会長でもある。

亮一は、一八六七（慶応三）年に現在の佐賀県佐賀市水ヶ江にて生まれた。学業優秀であったが、幼少時より病弱であった。鍋島家奨学生に選ばれ、工部大学校（現在・東京大学工学部）を受験したが体格検査で不合格となり、英語習得のため立教大学に入学した。立教大学在学中の一八八七（明治二〇）年にキリスト教徒の洗礼を受けている。一八九〇（明治二三）年の大学卒業後は留学を目指すも、健康を理由に断念せざるを得なかった。二度の挫折である。その後、立教女学校にて女子教育者の道を歩み、二四歳で教頭に就任した。亮一は、学校構内にあった孤児教育施設「東京教育院」の運営と教育にも関与し、そこで二人の孤女を引き取り孤女学院の構想を立てた。

一八九一（明治二四）年一〇月、濃尾大震災が発生した。亮一は、女子の被災児が人身売買される状況を看過できず、一八九一（明治二四）年一二月に「孤女学院」を創設した。この時、石井十次の岡山孤児院を訪ね、孤児院経営の指針を学んでいる。当時孤児院の入院資格は概ね六歳以上であったが、亮一は入院資格のない孤児の受け入れを基本方針とし、生後一五日の嬰児や生後二か月の乳児など二十数名の孤女を引き取った。その孤女の中に二名の知的な発達の遅れが認められる女児がいたことから、知的障害児教育の道へとつながっていく。

■知的障害児教育の研究から滝乃川学園創設へ

当時の日本には知的障害児教育の資料は皆無で、亮一が学ぶべき実践もなかった。欧米ではじまっていた医学や心理学の分野における知的障害の研究が日本へも紹介され始めており、内村鑑三がアメリカの知的障害児学校での教育と介護の実践や情報を精力的に伝えていた。鑑三の情報をもとに知的障害児教育を学ぶため、亮一は一八九六（明治二九）年に渡米し、そこで知的障害者教育の創始者エドワード・セガンの業績を知ることとなる。また、フレーベルの幼児教育法、心理学、教育学の重要性、「キリストの愛」の大切さを認識した。亮一はヘレンケラーにも会っている。七か月にわたる渡米研修を終え、知的障害児教育に関する最新の研究と情報を携えて帰国した。一八九七（明治三〇）年には、学園名称を「孤女学院」から「滝乃川学園」と変更し、孤児を新たに受け入れることをやめ、知的障害児教育の専門機関となった。三六歳の時に亮一は、学園の支援者であり園児の保護者でもあった渡辺筆子と結婚し、内助を得て事業を発展させた。一九二〇（大正九）年の火災を含め厳しい経営状況から閉鎖の危機もあったが、貞明皇后をはじめ多くの支援者を得て危機を乗り越えた。財界の渋沢栄一も事業を支援した。

■科学者として

亮一は、科学者であるとともに、啓蒙にも熱心であった。一九〇〇（明治三三）年一〇月社会学研究会において「白痴教育に就いて」と題する講演を行い、自らの体験と外国事情の紹介、白痴の定義・原因・種別・数・教育の状況を体系的に述べている。亮一は、白痴教育の実践において、キリスト教者および科学者として、社会の片隅に放置されている知的障害者に神の子として生きる喜びを与えることを自らの使命と感じていた。一九〇四（明治三七）年には、日本で初めての知的障害者教育専門書『白痴児　其研究及教育』を刊行している。そして、一九三四（昭和九）年には、日本精神薄弱児愛護協会（現：財団法人日本知的障害者福祉協会）の設立総会において初代会長に就任した。その後、「精神薄弱児」に関する文献や印刷物発行など啓蒙普及活動に資する「石井記念文庫」の設定計画を立てていたが、一九三七（昭和一二）年六月に七〇歳の生涯に幕を閉じた。

亮一は、「信仰と愛、そして最新の科学の力」をもって使命を全うした。道なき道を探り研究を積み重ね実践し、知的障害者教育の道を拓いた先駆者である。

石井　筆子
(1861–1944)

■女子教育者としての歩み、そして苦難の連続へ

石井筆子が、滝乃川学園を創設した石井亮一の妻として内助を尽くしたことは有名である。障害児の母であり、明治、大正、昭和に生きた近代女子教育者、国際人としても活躍した人物である。

筆子は、一八六一（文久元）年肥前国（現在の長崎県大村市）大村藩士渡辺家の長女として生まれた。一八七二（明治五）年に上京し、日本で最初の女子教育機関である東京女学校で学び、一八八〇（明治一三）年には、皇后の命で津田梅子らと共に日本初の女子海外留学生としてヨーロッパに二年間留学した。帰国後の一八八四（明治一七）年、筆子二三歳の時に同郷のいいなずけである小鹿島果と結婚した。一八八五（明治一八）年には華族女学校のフランス語教師となる。その時の教え子に貞明皇后もいた。筆子はフランス語、英語、オランダ語を使いこなし、社交界では「鹿鳴館の華」と称されていた。一八八八（明治二一）年、大日本婦人教育会の発足にも関わり、女子教育の重要性を説いた。一八九三（明治二六）年には静修女学校の校長に就任し、近代女子教育者として活躍した。

一方、家庭生活では度重なる苦難が直撃した。結婚して二年後に長女が誕生したが、知的障害があった。そのことへの周囲の風当たりには耐え難いものがあり、一八八六（明治一九）年に母子ともにキリスト教の洗礼を受ける。続いて次女も誕生後すぐに病死し、三女も病弱で知能と身体に障害があった。また、筆子が三一歳の時、夫も三五歳の若さで病死している。一八九六（明治二九）年には二人の娘を連れて渡辺家に復籍し、悲しみに立ち向かいながら一八九七（明治三〇）年には『大日本婦人教育会雑誌』に男女同権と女子教育の重要性を訴える論説を発表している。

■石井亮一との出会いから知的障害児教育の道へ

一八九五（明治二八）年、石井亮一が静修女学校の講師として招聘されたことがきっかけとなり、筆子は亮一の

孤女学院特別資本金募集の発起人となり支援した。一八九七（明治三〇）年に「孤女学院」は「滝乃川学園」に名称を変更し、「白痴教育部」を発足させたことから、筆子は長女を滝乃川学園に預けることとなる。一八九八（明治三一）年には三女が亡くなり、筆子は長女の傍で生きる決意をする。一八九九（明治三二）年に華族女学校を退職、一九〇二（明治三五）年に静修女学校を解散し、津田梅子の女子英学塾（現：津田塾大学）に託した。

一九〇三（明治三六）年、筆子は親族の反対を押し切って六歳年下の亮一と再婚した。一九〇六（明治三九）年に滝乃川学園は滝乃川村から巣鴨村へ移転している。筆子は亮一の補佐役として、ここで複合的教育体制を確立していく。亮一が知的障害児のための「特別教育部」を担い、筆子が孤女のための「保母養成部」を担当した。「保母養成部」では貧しい女子の社会的自立を考え女子教育の体系化を図った。保母養成部卒業生は障害児処遇の専門職や学園の保母として従事、または障害児をもつ家庭へ派遣する等の道をつくった。一九一六（大正五）年、筆子の長女が三〇歳で亡くなり、筆子は全ての子どもを失った。

一九二〇（大正九）年に学園の火災で六人の犠牲者を出し、筆子自身も負傷した。財政事情も厳しい中で学園閉鎖の危機となったが、筆子の華族女学校時代の人脈によって、多くの支援や励ましを受け再建した。一九二五（大正一四）年には谷保村への移転を決定し、園生のための生涯に渡る教育と自立に向けた学園経営を貫いていく。一九三二（昭和七）年、脳溢血にて倒れ病身となるも、亮一と共に負債を抱えながら学園経営に奔走した。一九三七（昭和一二）年に亮一は七〇歳で病死、筆子は半身不随の身で滝乃川学園の存続の道を選び、二代目園長に就任した後、一九四四（昭和一九）年にその生涯に幕を閉じた。

筆子の一生は試練の連続であったが、女性の地位向上のため先駆的に女子教育に力を注ぎ、亮一と二人三脚で知的障害児教育・福祉の道を貫いてきた。社会の偏見に屈することなく悲しみにも耐え生き抜いた筆子の強さは、キリスト教者としての深い人間愛と人権思想が根底にあったからともいえる。

寺島　信恵
(1867–1918)

■当時の社会環境

徳川慶喜が朝廷に大政奉還を行った一八六七（慶応三）年に寺島信恵は誕生した。時代は明治へと遷り、わが国は世界の列強国に肩を並べるがごとく、富国強兵のもとに近代化が進められた。一方で、農村を離れ工場で働く者が増加していくことで、横山源之助著『日本之下層社会』に述べられる、貧しい都市下層社会が形成されていったのであった。

こうした中、一八七四（明治七）年に、わが国初めての全国統一の救済制度「恤救規則」が制定されたが、恤救規則は家族制度に依存し血縁的な助け合いの精神を基本とした私的救済が優先で、救済対象を「無告の窮民」（極貧で労働能力がなく、しかも独身で親族や近隣の援助も受けられない者）としていたため、非常に制限的な制度であった。そのため、都市部のこのような社会問題が解消されるものではなく、政府もそれ以上の積極的福祉政策は行わなかった。

■神戸養老院設立まで

信恵が僅か二歳の時に両親と生別し、寺島姓を継がせる目的で母親の再婚相手の末弟と結婚させられる等、決して恵まれた環境とは言えなかった。本人は、「親を恨んで居た、うれしさの涙に咽ぶ、独り神に祈った」と述べている。その中で、キリスト教に触れることで、不幸な孤児救済に奉仕することを決心するのである。

京都看病婦学校卒業後は看護師となり、神戸で働き始めるが、その頃には神戸孤児院等の収容施設もあり活動の対象を高齢者の救済へと向けた。

「(前略）又此時色々と社会を見渡しますと既に世の同情は段々と孤児に向かひまして孤児養育の慈善団体や機関も所々に設備されてありますが、未だ憐むべき保護者なき老者の生命を送るべき保護所のなきを思ひました時私の心は非常に動かされまして、遂に明治二七年大阪に居りました節決心して養老院を創立する事を心に誓ひ神にも祈りました。其後新希望と新理想に向て設備にとりかゝりましたが、漸く明治三二年に蒼々友愛会と申します實に微々たる会を興しましたが、幸に人々の同情を得まして友愛養老院を開き三名の老者を収容して保護いたしました」（寺島：一九〇五）と述べているように、この頃セツルメントなどの民間による慈善事業は拡大していく状況にあったが、高齢者に対しての慈善事業や救済活動は十分ではなかったことが窺える。

このため、信恵は神戸友愛養老院を開設し、初めに保護した高齢者に対し、自分の親であるかのように接したのである。このような過酷な時代の中、現代の高齢者福祉の原点ともいえる実践が民間より芽生え出したことは非常に素晴らしいことと言える。

■高齢者の福祉と人権・尊厳を創造した―寺島信恵の原動力―

彼女を突き動かしたものは「人を慈しむこと」ではなかろうか。この世に生を受けてから最後を迎えるまで、赤子であろうと高齢者であろうと一つの生命は「平等に尊いもの」であるという、彼女の信念がその実践には貫かれている。

信恵は、制度等の恩恵を受けられない人に対して自分で何ができるかを考え、新たなニーズへの対応ができる形を創造した。では、もし彼女が私たちの生きるこの現代に生まれたならば、どのようなことをするのであろうか。福祉と呼ばれるものが慈善事業から産業へと変わっても彼女の理念は何も変わらないであろう。今の政策では捉えられない様々な問題も、彼女ならアウトリーチ、ソーシャルアクションを実施し社会にアプローチするであろう。彼女たちの活動が、今日の〝皆で高齢者を支える仕組み〟としての介護保険法や社会福祉法人における実践、何より高齢者を慈しみ接していく現場実践の源流になっているのは疑いようのない事実である。

岩田　民次郎
(1869–1954)

■明治期の福祉—大阪養老院設立—

明治期の「慈善事業」「救済事業」と呼ばれた社会福祉事業は、日本国政府ではなく専ら民間の宗教家や篤志が担っていた。また、当時はキリスト教に感化されて、社会福祉の思想を持った者が多かった。こうした中、太子信仰と呼ばれる仏教が主の思想をよりどころとして、大阪で高齢者福祉を始めた人物がいた。その男こそ、日本で四番目、大阪で初めての養老院を設立した岩田民次郎その人である。

民次郎は、版籍奉還が行われた一八六九（明治二）年、岐阜県の元三河藩士で、名主や造り酒屋として裕福な家庭に誕生した。大阪に出て働いていた民次郎二二歳の一八九一（明治二四）年、郷里で濃尾大震災が起こった際に、多大な支援を受けたこと、また、太子信仰により救済事業へ深い想いがあったこともあり、若き民次郎の心にいつかこの支援に報いたいとの思いが宿った。

やがて民次郎は難波新地での貸座敷業で財をなすと、救済事業への想いが強くなり、学習会に通って福祉を学んだ。この後に、転換となったのが、一九〇二（明治三五）年に留岡幸助の講演を聞いたことだった。講演を開いて民次郎は、養老事業への取り組みを決意したのである。

しかし、当時の大阪府は慈善事業に無理解で養老院設立の申請をなかなか受理せず、そんなものを作れば近県から食い詰めた年寄りが集まってたいへんだと散々いやみを言われた。そんな逆風にもめげず、民次郎は認可がおりる一年前より、三名の老人を収容して養老事業を開始した。その後、府もようやく認可を下ろし、日本で四番目、大阪で初めての養老院が設立されたのである。

■福祉事業の必要性を訴えた男─養老院の組織化全国養老事業の開催─

経営も苦しい中、世間の評価も厳しく、養老院は、老後を苦しむような自業自得の惰民である老人を集めて勝手なことをしていると白眼視され、何かあればすぐに非難される状況であった。そのような逆境の中、民次郎は機関誌『養老新報』の刊行、幻灯映写会・慈善音楽会等の開催により福祉事業の必要性を訴えたのである。

この状況を打破すべく、一九二五（大正一四）年に、民次郎は、弘済会の会長上山善治との連名による呼びかけにより、第一回目の全国養老事業大会（現全国老人福祉施設協議会）を、大阪の地で開催した。大会には、内務省、大阪府などの役人および各種社会事業家など一〇〇名以上が集まり、そのうち養老事業関係施設からは、二一施設四〇名が参加した。孤立気味だった社会事業家の同志が一堂に会することで、政府や関係機関にその存在をアピールし、処遇専門化の原動力とする狙いがあったと岩田克夫も述べているように、民次郎は全国の養老院等を組織化し社会に訴えかけたのである。

■民次郎の今日の福祉への功績

民次郎は世間の偏見を無くし、高齢者の人権を守るべく、己の正義の為に行動を起こしたのである。今日のソーシャルアクションと呼ばれる行動をおこし、社会に訴えかけたのだ。

今、民次郎が生きていたなら、彼はどのようにして現代社会にメッセージを送るのだろうか。どのような手で国や行政に訴えかけるのだろうか。民次郎を見習い、私たちがどのように社会に訴えかけていくかは、現代の福祉に携わる者にとって大きな課題になっている。

笠井　信一

(1864–1929)

■済世顧問制度の設立まで

笠井信一は、自身が岡山県知事として済世顧問制度を設立したことによって、社会福祉との関係性を深化させた。ここでは、笠井と済世顧問制度の関わりを中心に論述する。

笠井信一は一八六四（元治元）年、笠井勘三郎の三男として静岡に生まれた。その後第一高等中学校へ進学・卒業の後、当時の帝国大学へと進んだ。帝国大学法科大学を一八九二（明治二五）年に卒業したあと、内務属・警保局への勤務、その後、高知県、岐阜県、新潟県等の書記官を務めた。

社会福祉を学ぶものにとって、笠井信一は岡山県知事としての印象が強いが、彼が初めて知事に就任したのは岩手県であった。その後、静岡県知事を経て、一九一四（大正三）年に岡山県知事に就任した。

笠井が岡山県知事として済世顧問制度を設立するに至る背景には、いかなる事情があったのであろうか。済世顧問制度設立の発端は、一九一六（大正五）年五月一八日に東京で開催された地方長官会議である。その場において笠井は、大正天皇より岡山県下における貧民の状態について御下問を受けた。笠井は当時、天皇を頂点とする大正期の国家体制に絶対的な信頼をよせていたとされ、彼自身の天皇に対する忠誠心が済世顧問制度設立の直接のきっかけとなった。このため、彼は天皇からの御下問を受けた後、すぐに貧困者の実態調査を実施した。調査の結果、県民の一割を占める極貧者の存在が明らかになり、県下の貧困者対策に本格的に取り組んでいくこととなった。笠井は、御下問のあった翌月の六月二七日に開催された郡市長会議において、貧困者対策の樹立ならびに、聖旨への奉答をせねばならないとして、「絶大なる覚悟」を表明した。

その後、一六項目にわたる防貧制度の大綱が作成され、一九一七（大正六）年五月一二日に済世顧問制度設置規定が公布され、今日における民生委員制度の原点といわれている同制度がスタートすることとなったのである。済世顧問制度は、設立当時各地の郡長を通して七九名が初代顧問として誕生した。

笠井は済世顧問制度の運営にあたり、防貧を重視した。彼が考える防貧とは、「貧者を対象とし、施しではなく、教化、指導により、貧困状態から脱却させること」であった。こうした笠井の防貧に関する思想の背景には、「労働能力を有する生活困窮者の貧困を防止すると同時に、当時おこりつつあった社会主義思想などの危険思想を予防するというねらいをあわせ持った事業」として済世顧問制度を捉えていたことがある。

また、笠井は防貧を進めていく上で、ただ単に顧問が仕事を行えばよいと考えていた訳ではない。彼は、この制度を運営していく上で、済世顧問と被保護者との間に信頼関係の構築を重要事項として取り上げた。このような考え方は、まだ当時の日本社会に根付いていなかったソーシャルワークの発端となるとも考えられる。さらに、笠井の思想は、顧問に対して貧困者の相談に乗るにあたり、顧問自らが被保護者のもとに出向くことも要求している。これは、今日の社会福祉におけるアウトリーチと捉えることが可能である。

済世顧問制度は、今日広く知られている通り、現在の民生委員制度の原点であり、その活動には今日の社会福祉が学ぶべきことが随所に散見される。この制度の参考としたのはドイツのエルバーフェルト制度であり、笠井は同制度に関して言及を行っている。

済世顧問制度は笠井信一が、一大決心をして運営したものであるが、彼は一九一九（大正八）年に岡山県知事の任務を終え、北海道庁長官となった。その後、晩年の一九二一（大正一〇）年に貴族院議員となり、亡くなる一九二九（昭和四）年まで議員として活躍した。

林　市蔵

（1867–1952）

■ 大阪府知事として方面委員制度を創設

林市蔵は、大阪府知事として方面委員制度の創設に寄与した人物として記憶されている。ここでは林自身の成長過程を探索することにより、その人となりを探りたい。

市蔵の出自は熊本県である。彼は幼いころに父親を亡くし、母の手ひとつで育てられた。その後第五高等学校を経て東京帝国大学に入学、卒業した。大学卒業後は拓殖務省に入省、同省廃止後は内務省北海道局に異動した。市蔵が異動となった一八九七（明治三〇）年、市蔵の母である喜壽が急逝する。親孝行もできぬまま永遠の別れとなった母に対し、市蔵は後悔の念を抱いたとされている。その後、市蔵は一八九九（明治三二）年に警察監獄学校の教授に就任し、その翌年には結婚をしている。

社会が戦争への道のりを歩みはじめるなか、市蔵は、山口県書記官、広島県内務部長、経済部長、新潟県内務部長、三重県知事、山口県知事を経て、一九一七（大正六）年に大阪府知事に任命された。

市蔵が社会福祉史に残る、方面委員制度を創設したのは大阪府知事在任中のことである。制度成立の背景には、市蔵が大阪市内の理髪店である母子と出会ったことに関係があるとされている。この母子は、夕刊の売り子をしており、その姿は「重ね着の上に洗いざらしの紺のかすりを羽織」って、それは「いまにもすり切れそう」であった。その姿を見た市蔵は、この母子の事情を明らかにするよう、警官に依頼したのである。警官からの調査報告によると、この母子は世帯主が病気のために働くことができず、母親は夫や子どもたちのために、日々新聞売りをしていることが明らかになった。

この報告は、市蔵の心を大きく揺さぶった。当時の社会事業の欠陥を強く意識した市蔵は、この分野のブレーンである小河滋次郎博士に相談した。小河は、ドイツのエルバーフェルト制度を市蔵に紹介し、それを原型とした形で方面委員制度は創設されたのである。

方面委員創設に関わる歴史に関しては、異論も存在する。小笠原は方面委員制度成立の原点に、市蔵と前述の夕刊売りの母子との出会いがあるとする説に対し、「歴史的事実としては、巡査復命書は、規定交付後の十月九日付けであり、この説明は正しいとはいえない」としている。

しかし、母子との出会いが、市蔵を方面委員の父として印象づける大きな出来事であったことは、小笠原も認めているところである。

方面委員制度が設立される当時、国の社会事業政策として恤救規則があった。しかし、前述の母子はその存在を知らなかったか、知っていたとしても当時の受給条件は厳しく、その恩恵を受けることができたのかは不明である。方面委員制度は、当時の数少ない社会資源を有効活用し、増進するために作られた制度であるといえよう。

■その後の市蔵の活動

市蔵は、今日の民生委員の原型となる方面委員制度の礎を形作った後、一九二〇（大正九）年に大阪府知事を退任し、同年に大阪府方面顧問に就任している。その後も市蔵は、当時の社会事業発展のために尽力するため、一九三二（昭和七）年には全日本方面委員連盟副会長に就任、一九三八（昭和一三）年には中央社会事業委員会委員の仕事を担っている。第二次世界大戦が終結した一九四五（昭和二〇）年には、全日本方面委員連盟会長となり、翌年には全日本民生委員連盟顧問に就任した。

このように、当時の社会事業に多大なる貢献を果たした市蔵は、一九五二（昭和二七）年二月二一日に享年満八四歳でその生涯に幕を閉じた。

田村　新吉
(1864–1936)

■ 貿易商から日本人移民の支援へ

田村新吉は、一八六四（文久三）年一二月に大阪中之島において出生した。キリスト教徒であった田村は、一八八四（明治一七）年にアメリカのショトクワ文学会理文科を卒業している。神戸の輸出商社に勤務していた田村は、一八九〇（明治二三）年、カナダのバンクーバーに「田村商会」と称する貿易店を開業した。

田村は当時、岩手出身の外交官であった杉村濬と深い親交があった。杉村が領事としてバンクーバーに着任したとき、通訳を務めたのが田村であったとされている。杉村の領事官邸二階には、田村が寄宿生活を送るスペースがあった。

田村をはじめとするバンクーバーの初期日本人移民の生活状況は、決して望ましいものではなかった。そのため、カナダ人からは日本人排斥運動を受けることとなった。当時の初期日本人移民は「一定の家庭を持った者が少なく、殆ど大多数は所謂住所不定の労働者で、季節に漁業、農業、林業に出稼ぐ人達であった。日本から来た移民のほとんど全部が英語を解せず、カナダの風習を知らず、通訳なしには一歩も出られないような有様であったので、彼等を指導教化するには先ず宿舎を与え、英語を教え、カナダの風俗習慣を指導するのが先決問題であった」とされている。田村はこの問題に対し、日本人美以教会の創設に携わることにより、日本人移民への指導教化に務めた。

田村は杉村濬が帰国した後、英語習得とお互いの資質向上・精神修養を目的とする「共勵会《きょうれいかい》」を設立した。この会は「初めは先輩が後輩を指導する形であったが、次第にその道のエキスパートを講師に招くように」なった。会場は田村の自宅を使用した。その後、「会員の増加に伴い、借家して教場に充て、やがて夜学校に発展した」「共勵会」は、キリスト教会の母体となっていったとされている。

田村は、当時のバンクーバーにおける日本人社会において、大型の自家用車を使用していた。このような記録からも、田村新吉は当時の初期日本人移民のなかでリーダー的役割を果たしていたといえるであろう。

田村は、一八九七（明治三〇）年に自社の本店を神戸に移してからも精力的に活動を展開した。支店を各地に設け、中国や欧米等にも業務拡大を行った。その後、銀行や精米、工業等の各種企業経営にも尽力した。一九一一（明治四四）年に神戸商業会議所の副会頭となった田村は、後に同所会頭となった。一九一五（大正四）年、神戸市より衆議院議員に選出された田村は、一九二五（大正一四）年には多額納税者貴族院議員となった。このように多方面において活躍した田村は、一九三六（昭和一一）年一一月、七四歳でその生涯の幕を下ろした。

中村　三徳
(1873-1964)

■ 私立の宿泊救護施設「大阪自彊館《じきょうかん》」の創設

中村三徳と社会福祉との関わりは、彼が警官として大阪に救済活動の拠点を置いたことが特に有名である。三徳は、一八七三（明治六）年に岡山にて出生した。彼の家庭は決して裕福ではなかった。そのため、彼の少年時代は京都にて自活生活を強いられていた。また、生活困窮のため学校での学びを断念した後に、大阪において住み込みの仕事も経験している。

その後、一八九八（明治三一）年、三徳が二四歳のとき大阪府巡査を拝命し、警察官としてのキャリアを開始する。三年後の一九〇一（明治三四）年には巡査部長、さらにその三年後の一九〇四（明治三七）年には文官試験に合格し、警部となった。

一九〇八（明治四一）年には関西大学法科専門部に入学したものの、内務省警察訓練所入所のため二年後の一九一〇（明治四三）年には同大学を退学するに至った。関西大学を退学した同年、三徳は内務省警察訓練所に入所し、同所を卒業、その後大阪府警察部保安課長に就任した。

社会福祉の歴史のなかで、中村三徳が取り上げられるのは前述の通り、彼の大阪における活躍によるものである。三徳は、一九一一（明治四四）年の夏、内務省の調査団一行を釜ヶ崎に案内した。当時、三徳が一行を案内した土地は、今日の大阪市西成区あいりん地区であり、一行のなかには池上四郎大阪府警察部長や小河滋次郎博士も同行していた。当時の釜ヶ崎は、「木賃宿を有料ダンボールハウスとイメージする方が」当時の生活を実感できるとされ、今日とは比較にならない程の惨状で、「いずれにしても人間が生きていける最低条件下での暮らしがそこにあった」。

この惨状を目の当たりにした池上府警察部長は、直ちにこの地区における生活環境を改善するための施策として、釜ヶ崎にて生活する人々のための施設建設を命じた。

三徳は、上記の命をうけて、さっそく事業計画を作成した。建設に向けての予算が不足したため、彼は募金運動等を実施した。また、「施設の建設には警察署改築の廃材も利用し」たとされる。三徳の尽力等により、一九一二（明治四五）年ついに共同宿泊所・無料職業紹介所として、大阪自彊館が開設されるに至った。施設名として使用された自彊は、「自ら務めてはげむこと」の意味である。

三徳は、自彊館発展のために尽力したが、一九一八（大正七）年に警察を辞し、中河内郡長となった。警察を辞職した後の三徳は、以前にも増して社会事業の発展に寄与することとなる。

■ 震災医療と人材育成

一九二一（大正一〇）年、三徳は中河内郡長を辞任して、大阪毎日新聞慈善団主事に就任、その翌年である一九二二（大正一一）年には、同慈善団満州巡回病院を創設した。さらに、一九二三（大正一二）年に発生した関東大震災において、震災医療を指揮した。これは、地域を越えた活動であり、当時の三徳の先見性の表れであるとされている。

一九三四（昭和九）年、三徳は監事となっていた大阪毎日新聞慈善団を退職し、顧問に就任した。その翌年である一九三五（昭和一〇）年には「大毎記念中村塾」を開設し人材育成に尽力した。

大阪自彊館は一九四〇（昭和一五）年に八尾隣保館と名称を変更したが、その後衰退することなく、今日においては、その名称を「社会福祉法人八尾隣保館」として現在に至っている。

社会福祉の発展に多大なる功績を残した中村三徳は、一九六四（昭和三九）年、九〇歳の天寿を全うし永眠した。

林　歌子

（1873–1946）

■盟友、小橋勝之助との出会い

林歌子を語る上で欠かせないのが、小橋勝之助との出会いである。小橋とは立教女学校での教師時代に通った神田キリスト教会で出会う。小橋と交流する中で彼に惹かれていったが、歌子は「もう結婚はしない」と心に決め、恋愛関係ではなく、盟友としての関係を続けるのであった。

その後、小橋は、不良少年に対する感化・指導を機に恵まれない子に光をと、故郷の兵庫県相生市に博愛社という孤児院を創設し、歌子に「婦人を育てる器量のある女子の献身を」と手紙を出すのであった。歌子は悩みに悩んだが、小橋の思いを受け取り、教職を辞し、赤穂へ飛び立つのであった。

■子どもたちの母として

博愛社では、彼女は社母として、教師、保母、母親の三役をこなした。家事をしたことがなかった彼女にとって、最後の母親は一番辛かった。しかし、子どもたちのためにと思いながら、川での洗濯、井戸水を運び、縫物、釜焚きをこなした。時には過労で倒れることもあったが、「子どもたちのために…」と思いながら、身を粉にして働くのであった。

しかし、彼女たちの事業に村民たちは無理解であった。その背景には、キリスト教やその考え方に対する偏見があった。都市部は西洋文化で栄華していたが、町村は貧しく、西洋文化・宗教等を理解する機会もなかったため、異国のものとして偏見に繋がったのである。

林　歌子

出所：社会福祉法人　博愛社

その後、勝之助の死去に伴い、小橋家の相続問題が発生し、彼女たちは行き場を失ってしまう。しかし、支援者の援助により、大阪の淀川に新たな博愛社を創設するのである。

■女性の地位向上を願って

一九〇四（明治三七）年、彼女は生活の場を変え、五年前に創設された婦人矯風会大阪支部の会長として廃娼運動に力を注いでいく。四〇年程前には「娼家」「娼婦」という職業が公然と存在し、売春が職業として認められていた。しかし、娼楼から逃げる女性が絶えなかった。また、暴力夫の被害者、子を産む場所がない妊婦といった不幸な女性が多かった。彼女たちは、こうした弱者に仕事を斡旋し、自立を促す大阪婦人ホームを創設する。同時に廃娼運動も展開していくのであった。その後、廃娼運動をする中で、「女性は参政権を持ち、声をあげる事が必要だ」と女性参政権獲得に力を尽くすのであった。

小橋兄弟記念館
出所：福祉新聞
2013年2月25日

これらの活動が実を結び、女性の参政権をはじめとした地位の向上が図られ、女性が一人の人として認められる社会へと変化してきた。しかし、今現在も、夫からの暴力や性犯罪などの被害者として弱い立場になる女性が多い。歌子たちの活動を活かし、被害者となる女性たちに救いの手を差し伸べ、その権利を保障する活動が必要である。また、見て見ぬふりをするのではなく、一人ひとりができる支援を考えることが重要である。

城 ノブ

(1872〜1959)

■神戸婦人同情会の創設

静岡で働いていた彼女の元に同郷の寺島信恵から「神戸にきて手伝ってほしい」と支援を求められ、神戸に赴任する。寺島信恵が創設した神戸養老院で働く中で、婦人矯風会の公娼廃止運動にかかわるようになる。そこで、苦界から抜け出すことができない女性たちを助けたいと強く思うようになる。一九一五（大正四）年、彼女は摩耶山に三日三晩こもり、神に祈る。そこで、神のお告げを受け、寄付金の一部を使って「神戸婦人同情会・娘の家」を創設し、女性救済事業の第一歩を歩み出すのであった。

神戸婦人同情会創立当時の城ノブ

出所：城一男『マザー・オブ・マザーズ　社会事業家・城ノブの生涯』文芸社　2003年

当時、第一次世界大戦後の不況で物価が高騰、農村が疲弊、都会に職を求める若い女性がだまされて遊郭に売られたり、貧困による生活苦から親が娘を売ったりする事件が発生し、救いを求める女性が多かった。また、家庭的に恵まれない女性が入水自殺をするという事件も多く発生していた。ノブは自殺防止の看板を立て、妓楼から逃げだした女性などの救済を必要とする人たちに親身になって援助を行っていくのである。

■伝道師から社会福祉事業家へ

ノブは伝道師として活動していたが、父の死去に伴い、郷里に戻り、自宅の一部を伝道所として開放し、伝道を続けた。しかし、当時はキリスト教に対して無理解な村民たちも多く、彼女を軽蔑し、偏見の目で見ていた。そんな偏見を苦にせず、彼女は一心に伝道を続けるのであった。ある日、所属していた教団から九州の炭鉱で働く人々の伝道を命じられ、九州へと赴く。そこで、過酷な条件で働く女性の問題に直面し、女性軽視がまかり通っていることに、強い憤りを感じるのである。

その当時、女性の地位は低く、権利もなかった。また、一人の人間として認識されていなかった。ノブは彼女たちに「神のもとには、すべての人は平等である」と伝え、女性が女性として認められる社会を作らないといけないと思うようになるのである。

■母たちの母として

神戸婦人同情会の活動は、雑誌に紹介されたことでますます活発になり、相談・保護事業の体制や組織を強化する事となる。また、関東大震災での被災者を積極的に受け入れ、支援を行っていく。そして、一九二八（昭和三）年、ノブは、天皇に招待され演説をし、一九四〇（昭和一五）年には表彰された。

しかし、翌年に太平洋戦争が勃発。ノブは平和を祈りながら、困難に直面する女性や子どもたちの支援を続けていくのであった。

ノブの活動は、平和な世の中で女性が一人の人として生活できる事に繋がった。しかし、今の社会においてなお、自立が困難な女性と子どもたちが大勢いることも事実である。苦難に遭遇している女性やその子どもたちが自立できる社会に向けた取り組みを続けていかなければならない。

神戸婦人会同情会（大正一五年）
出所：城一男『マザー・オブ・マザーズ　社会事業家・城ノブの生涯』文芸社　2003年

神谷　美恵子
(1914-1979)

■「なぜ私たちでなくあなたが?」ハンセン病患者との出会い

神谷美恵子は、ハンセン病患者との出会いで医師を志し、国立療養所長島愛生園(以下、愛生園)に勤務した精神科医である。また、「どこでも一寸切れば私の生血がほとばしり出すような文字、そんな文字で書きたい」と言う美恵子は、自らの実践から思索し、それを表現した優れた文筆家でもあった。

美恵子が育った環境は、恵まれたものであった。内務省のエリート官僚の前田多門と房子の長女に生まれ、九歳からの数年間はジュネーブで過ごした。聡明な美恵子は、すぐにフランス語を習得したほか、詩作や小説、油絵やピアノ、スポーツ等あらゆる分野でその才能を発揮した。

一方、豊かな感受性ゆえに、幼い頃から内省的で自らの生き方に悩んできた。そんな彼女の道を決定づけたのは、一九歳のときに叔父の誘いで訪れたハンセン病療養所全生園で受けた衝撃であった。ハンセン病により手足や顔かたちが変形した患者が、高らかに賛美歌を歌う姿に美恵子は震え、ハンセン病医療に携わる決意をする。しかし、父親や周囲の反対、自身の二度の結核罹患により、夢はあきらめざるを得なかった。当時は不治の病とされた結核を奇跡的に克服した美恵子は、「余生を意味あるものに尽くそう」と決意。反対していた父もついに彼女が医師になることを許した。ただし、ハンセン病医療だけはダメだと釘を刺される。あきらめきれない美恵子は、見学だけでもと懇願し、愛生園に一二日間滞在することを許された。この時の思いを綴った詩には、「なぜ私たちでなくあなたが?(『癩者に』)」とある。苦しむ人を目の前に何度も反芻された彼女自身のうめきの言葉である。

■偏見の中にある偏見 ― 愛生園での一五年間 ―

精神医学の道にすすむことを決めた美恵子であったが、戦後に文部大臣となった父の要請を受けた通訳業務や、授かった二人の子どもの育児、植物学者である夫の研究の手助けを優先し、自身の臨床・研究に専念できない日々が続いた。しかし、奔走する日々の中でも、あらん限りの努力で美恵子は勉強を続けた。

再び転機が訪れたのは、子宮がんの発覚であった。四一歳にして二度目の余生を考えた美恵子は、精神医学とハンセン病を組み合わせた研究を手がける決意をし、愛生園で「らいと精神医学調査」を行った。この頃、愛生園では七割の患者が特効薬プロミンの治療を受け、治癒した人も多かったが、隔離政策は続行され、調査では半数以上の人が将来への希望がないと回答した。特に美恵子が心を痛めたのは、老朽化した木造家屋に閉じ込められた精神障害の患者たちの姿であった。新しい治療薬は投与されず、精神的治療もなされていなかった。偏見と差別により存在自体が社会から切り捨てられていたハンセン病患者の中でも、精神障害をもつ人々はさらに差別をされていた。美恵子はこれを国辱だと園長に訴え、精神科医として定期的に園に通うことになった。愛生園に美恵子は一五年間通い、一九七二（昭和四七）年に職を辞した。

■ただ「無償に」存在すること

美恵子の著書の代表作『生きがいについて』は、愛生園での学びを中心に、古今東西の哲学者や文学者の言葉を交え、美恵子自身の思索をまとめたものである。「人間の存在意義は、その利用価値や有用性によるものではない。野に咲く花のように、ただ『無償に』存在している人も、大きな立場からみたら存在理由があるに違いない」という同書での言葉、これがハンセン病患者を前に生きる意味を問い続けた彼女の答えであり、人間観であった。そして、これこそ社会福祉実践での最大の原理といえよう。

最後の七年間、彼女は病に苦しみつつ最後まで書き続け、一九七九（昭和五四）年に六五歳の生涯を閉じた。

引用・参考文献

兵庫県社会福祉協議会（一九七一）『福祉の灯―兵庫県社会事業先覚者伝―』

島 京子編（一九八九）『女たちの群像』神戸新聞総合出版センター

糸賀一雄（一九六八）『福祉の思想』ＮＨＫブックス

糸賀一雄（二〇〇三）『復刻　この子らを世の光に～近江学園二十年の願い』日本放送出版協会

野上芳彦（一九九八）『シリーズ福祉に生きる5　糸賀一雄』大空社

津曲裕次（二〇〇八）『シリーズ福祉に生きる51　石井亮一』大空社

津曲裕次（二〇一二）『滝乃川学園　石井亮一・筆子が伝えた社会史』大空社

津曲裕次（二〇〇六）『シリーズ福祉に生きる49石井筆子』大空社

津曲裕次（二〇一二）『滝乃川学園　石井亮一・筆子が伝えた社会史』大空社

井出孫六（二〇一三）『いばらの路を知りてささげし石井筆子の二つの人生』岩波書店

神谷美恵子（一九八〇）『神谷美恵子著作集　生きがいについて』みすず書房

江尻美穂子（一九九五）『人と思想　神谷美恵子』清水書院

みすず書房編集部編（二〇〇四）『神谷美恵子の世界』みすず書房

佐藤信淵（一九二五）「佐藤信淵家学全集上巻」岩波書店

佐藤信淵（一九二五）「佐藤信淵家学全集中巻」岩波書店

周禅鴻（二〇〇一）「佐藤信淵と黄宗義の学校論についての一考察」

第二七号東京大学大学院教育学研究科教育学研究室

中泉哲俊（一九六三）「佐藤信淵の学校論」弘前大学人文社会

高木圭一（一九九九）「青森　二〇世紀の群像七二」東奥日報

佐々木五三郎著（一九三二）「弘前愛成園三〇年小史」弘前愛成園

室田保夫（二〇〇六）『人物でよむ　近代日本社会福祉のあゆみ』ミネルヴァ書房

大谷まこと（一九九八）『シリーズ　福祉に生きる　渋沢栄一』大空社

城山三郎（一九七六）『雄気堂々　上』新潮文庫
兼田麗子（二〇〇三）『福祉実践にかけた先駆者たち―留岡幸助と大原孫三郎』藤原書店
室田保夫（二〇〇六）『人物でよむ　近代日本社会福祉のあゆみ』ミネルヴァ書房
大阪ソーシャルワーカー協会（二〇一三）『大阪の誇り　福祉の先駆者たち』晃洋書房
小河滋次郎（一九二四）『社会事業と方面委員制度』巌松社
兼田麗子（二〇〇三）『福祉実践にかけた先駆者たち　留岡幸助と大原孫三郎』藤原書店
城山三郎（一九九七）『わしの目は十年先が見える―大原孫三郎の生涯』新潮文庫
隅谷三喜男（二〇一〇）『賀川豊彦』岩波書店
山口光朔ほか（一九八八）『賀川豊彦の全体像』神戸学生青年センター出版部
志賀志那人（一九四〇）『社会事業随想』志賀志那人氏遺稿集刊行会
志賀志那人研究会編（二〇〇六）『都市福祉のパイオニア志賀志那人思想と実践』和泉書院
片山潜（二〇〇〇）『片山潜―歩いてきた道』日本図書センター
隅谷三喜男（一九六〇）『片山潜―近代日本の思想』東京大学出版
菊池正治・清水教惠他（二〇一四）『日本社会福祉の歴史』ミネルヴァ書房
室田保夫（二〇一四）『人物で読む近代日本社会福祉のあゆみ』ミネルヴァ書房
田中和男（二〇〇〇）『近代日本の福祉実践と国民統合』法律文化社
室田保夫（二〇一四）『人物で読む近代日本社会福祉のあゆみ』ミネルヴァ書房
大阪ソーシャルワーカー教会編（二〇一三）『大阪の誇り福祉の先駆者たち』晃洋書房
菊池正治・清水教惠他（二〇一四）『日本社会福祉の歴史』ミネルヴァ書房
室田保夫（二〇一四）『人物で読む近代日本社会福祉のあゆみ』ミネルヴァ書房
井垣章二・小倉襄二他（二〇〇四）『社会福祉の先駆者たち』筒井書房
田中和男（二〇〇〇）『近代日本の福祉実践と国民統合』法律文化社
倉橋克人「寺島信恵と神戸養老院―賀川豊彦を支えた―女性像」『キリスト教社会問題研究』NO.49（同支社大学人文科学研究所、

二〇〇〇）PP.144-177
岡本多喜子「明治期に設立されたキリスト教主義養老院の研究」『明治学院大学社会学部付属研究所』URL http://hdl.handle.net/10723/785
岩田克夫（二〇一〇）「大阪における高齢者保護事業の始まり」、大阪社会福祉史研究会、『大阪における社会福祉の歴史Ⅱ』、大阪市社会福祉協議会、大阪市社会福祉研修・情報センター、PP.111-133
大阪ソーシャルワーカー協会編者による大阪の誇り福祉の先駆者たち―挑戦の軌跡―
赤坂順子（一九八四）「済世顧問制度に関する一考察―防貧事業としての歴史的意義と限界」『作陽音楽大学・作陽短期大学研究紀要』一七―（二）PP.1-20
秦郁彦編（二〇一三）『日本近現代人物履歴事典（第二版）』東京大学出版会、P.160
二宮一枝（二〇〇六）「防貧化網の諸相―初代済世顧問の実像とその事積―」『岡山大学大学院文化科学研究科紀要』二一、PP.31-45
清水教恵（一九九二）「社会事業の組織化と済世顧問制度」『龍谷大學論集』四四一、PP.155-180
山本浩史（二〇一二）「創設期における済世顧問制度と済世顧問―笠井信一の思想を踏まえ」『社会福祉学』五三（一）、PP.117-128
写真↓
http://ja.wikipedia.org/wiki/%E7%AC%A○%E4%BA%95%E4...
平瀬努（二〇一四ａ）『民生委員の父林市蔵―亡国の危機を救った「方面精神」の系譜』潮書房光人社、P.63
平瀬努（二〇一四ｂ）『民生委員の父林市蔵―亡国の危機を救った「方面精神」の系譜』潮書房光人社、P.334
道中隆（二〇一三）「方面委員制度―淀屋橋のたもとから：林市蔵―」大阪ソーシャルワーカー協会編『大阪の誇り福祉の先駆者たち　挑戦の軌跡』晃洋書房、PP.64-65
小笠原慶彰（二〇〇五）「林市蔵の実像に関する研究（一）―生い立ちから帝大卒業まで」『京都光華女子大学研究紀要43』、PP.71-93
小笠原慶彰（二〇一三）『林市蔵の研究―方面委員制度との関わりを中心として』関西学院大学出版会、PP.323-327
盛岡タイムス（二〇一二ａ）「〈岩手からのカナダ移住物語〉14 菊池孝育　長嶺三姉妹」盛岡タイムス　Web News 二〇一二年八月二日（木）
http://www.morioka-times.com/news/2012/1208/02/12080202.htm　（二〇一四年一二月一五日アクセス。）
盛岡タイムス（二〇一二ｂ）「〈岩手からのカナダ移住物語〉15 長嶺三姉妹⑥　菊池孝育」盛岡タイムス　Web News 二〇一二年八月九日（木）
http://www.morioka-times.com/news/2012/1208/09/12080902.htm　（二〇一四年一二月一五日アクセス。）

盛岡タイムス（二〇一二c）「〈岩手からのカナダ移住物語〉27 菊池孝育　吉田愼也三」盛岡タイムス　Web News 二〇一二年一一月一日（木）
http://www.morioka-times.com/news/2012/1211/01/12110102.htm　（二〇一四年一一月一五日アクセス。）
蟻塚昌克（二〇一〇）「礎を築いた人　中村三徳」『月間福祉』二〇一〇年九月号、PP.68-69
小笠原慶彰（二〇〇四）「まちを歩けば―大阪自彊館と中村三徳」『Volo（ウォロ）』二〇〇四年六月号、PP.32-33
大阪社会事業史研究会編（一九八五）『弓は折れず－中村三徳と大阪の社会事業』大阪社会事業史研究会、P.362
佐々木　恭子『シリーズ福祉に生きる三三　林歌子』大空社
澤　美晴「城ノブ物語　一寸待て、神は愛なり」神戸新聞総合出版センター
城　一男「マザー・オブ・マザー　社会事業家・城ノブの生涯」文芸社

引用文献

（1）佐藤信淵（一九二五）「佐藤信淵家学全集上巻」岩波書店、P.672

参考資料

横田　一　福祉新聞WEB「汗と涙」のひと　林歌子
若林　平太「福祉新聞WEB　母たちの母　城ノブ」

二、英国・米国の先人たち

オクタヴィア・ヒル
(Octavia Hill 1838–1912)

■略歴

オクタヴィア・ヒルは、一八三八年にイギリスのケンブリッジシャー州で父ジェームズ・ヒルと母キャロライン・ヒルの五人姉妹の三女として生まれた。ジェームズは事業の失敗などにより健康を害し、ヒル一家は高名なキャロラインの父サウスウッド・スミス医師による支援のもとで生活を送ることになった。

その後、オクタヴィアが一三歳の時、ヒル一家はロンドンに居を移した。ロンドンで神学者モーリスが定期的に行う説教に参加することで神の教えに目覚めたヒルは、亡くなるまで敬虔なイギリス国教会会員であった。また、オクタヴィアはギルド（強化ガラス制作の共同作業所）で働き始め、芸術家のラスキン氏に出会う。二六歳の時にラスキン氏の出資のもと、スラムの賃貸住宅の家主となり、住人に対する支援活動を始めた。オクタヴィアのスラムにおける賃貸住宅の運営事業は、七四歳で亡くなるまで仲間を増やしながら精力的に行われ続け、現在まで引き継がれている。

■ソーシャルワークの礎—住人への支援と生活環境の改善—

オクタヴィアは家賃収集のために自ら住人宅を定期的に訪れるだけでなく、住人と積極的に関わることを通して、住人たちの住居および生活環境の改善に努めた。また、住人の経済的な問題や家族問題などの解決に向けた支援も積極的に行った。これらの支援活動は、現在のソーシャルワークの礎と言えるものである。オクタヴィアは、住宅事業の拡大とともに、家主として住人を支援する人材の重要性を認識するようになり、ワーカーの育成と教育にも力を注いだ。そのような経過のなか、自然な流れとして、オクタヴィアはロンドンの慈善組織協会（Charity Organization Society）の設立と事業拡大の一翼も担ったのである。

オクタヴィアが理想とした住宅は、住人たちが集まれる集会所や心を癒す美しい庭から成るものであった。このため、個々の住居だけでなく、共有空間である庭などの手入れにも気を配った。このオクタヴィアの感性は、環境保全活動を行う「歴史的名勝地と自然的景勝地のためのナショナル・トラスト」設立にも繋がった。

■住人への支援からみる人物像

オクタヴィアが住人に要求した最も重要な約束事は「期日を守った定期的な家賃の支払い」である。オクタヴィアは、毎週、住人宅を順番に訪問したが、その際には脅されたり、怒鳴られる事もあり、家賃を払ってもらえない場合もあった。例えば、部屋を訪問した際に女性の住人に部屋に閉じ込められ、大声で怒鳴られることがあった。しかし、そのような場面でもオクタヴィアは決して焦らず冷静に対応し、女性の興奮が収まるまで沈黙を貫き、その後に彼女に淡々と話し掛けたのである。(1)

このような様々な場面に遭遇しても、オクタヴィアは決して諦めず、毅然とした態度で全ての住人に家賃の支払いを要求し、どうしても支払いができない場合には最終手段として退去してもらうこともあった。オクタヴィアは言葉だけでなく、行動でルールを守ることの重要性を示して伝えた。そして、住人にもルールを守ることを求めたのである。家賃をきちんと支払うことを通して、住人の悪習や生活環境の改善、そして住人の生活全体の向上を図った。

オクタヴィアは厳しい一面もあったが、決してそれだけはなく、人生には楽しみや娯楽が必要であることも理解していた。そのため、週末には住宅のみんなで郊外にピクニックにでかけたり、様々なイベントを企画したりもした。オクタヴィアのこのような活動は成功し、重要性が認識され、現在まで組織として続いているのである。

ウェッブ夫妻

(Sidney James Webb: 1859–1947, Beatrice Webb: 1858–1943)

■略歴

夫のシドニーは一八五九年にイギリスのロンドンで生まれた。下流中産階級出身であり、自宅には数名の手伝いがいたが、それほど金銭的に余裕がある家庭ではなかった。シドニーは働きながら夜間大学に通い、植民地省の試験に合格後、官僚となった。その後、第一次世界大戦後の労働党内閣では、商務相や植民地相に就いている。

妻のビアトリスは一八五八年にグロスターシャー州で生まれた。上流中産階級出身であり、非常に恵まれた家庭に育った。大学に進学することはなかったが、家庭教師などから高い教育を受けることができた。ビアトリスは慈善組織協会やオクタヴィア・ヒルの事業に関わりながら、イギリスにおける様々な社会問題について関心を深めていく。ビアトリスはチャールズ・ブース（Charles Booth）の貧困調査にも参加しており、貧困に対する彼女の思想に大きな影響を与えた。後に、ビアトリスはこれらの経験を活かしながら「救貧法ならびに貧困救済に関する王立委員会」の委員として活躍している。シドニーとビアトリスは一八九二年に結婚し、その後、互いに協力し合いながら多数の共著を書き上げた。

■ナショナル・ミニマム論の提唱

ウェッブ夫妻の業績の一つとして、LSE（The London School of Economics and Political Science）の設立が挙げられる。当時、ロンドンにおける経済学の教育施設は不足しており、ウェッブ夫妻は困難の末、政治経済学の学校であるLSEを設立した。そして、LSEは多数の学生を輩出し、後に名著を残す学生を育てることに貢献した。

また、ウェッブ夫妻は後の労働党へと繋がるフェビアン協会において重要な役割を果たし、中心的な理論提唱者としても活躍した。ウェッブ夫妻は急進的なマルクス主義を否定し、漸進的な社会主義を主張した。特に「産業民主制論」(Industrial Democracy)[2]において唱えたナショナル・ミニマム論は社会保障政策の考え方に大きな影響を与えた。ナショナル・ミニマムとは、主に最低賃金、労働時間の規制、衛生・安全、義務教育からなる労働者の最低条件を定めるものであり、この基準以下は許されないとした。それは、労働者保護の側面もあるが、それと同時に労働者が最も良い条件下で労働することは、労働の最適な効率化に繋がるものであり、経済にとっても最も良いとウェッブ夫妻は考えた。

このような考えを取り入れ、ビアトリスは「救貧法ならびに貧困救済に関する王立委員会」においてナショナル・ミニマムの考えに基づいた少数派報告を行ったが、多数派である資本家の前では省みられることはなかった。しかしながら、このようなウェッブ夫妻の考え方は、後のベヴァリッジなどに引き継がれていった。

■夫婦で積み上げた実績

シドニー、ビアトリスそれぞれの著作もあるものの、ウェッブ夫妻による共著は一〇作以上に及び、生涯ともに議論を行いながら執筆作業を進めていったと考えられる。特にシドニーはＬＳＥにおける教授としての仕事や議員活動などで常に忙しく、ウェッブ夫妻がどのように議論を行いながら、どちらがどの章を執筆したのかなどについては不明なところも多い。しかしながら、ビアトリスの残っている手記や助手のガルトンの記録から、ウェッブ夫妻の思いや執筆の経過を垣間見ることができる。

ガルトンの記録によると、ウェッブ夫妻は毎日朝食を食べながら一日の計画を話し合い、朝食後はすぐにそのまま食卓で文献を見たり、議論しながら執筆活動を行っていたようである。午前中はそのように過ごし、午後はシドニーは仕事に出かけ、ビアトリスは自宅にてそのまま計画通り執筆作業を進めていた。また、ガルトンは「ビアトリスは主として全体の計画を立て、実際の執筆はシドニーが行っていた」としている。[3]ビアトリスは、自伝として「Our Partnership」[4]を残しており、シドニーと終世、様々な面における対等なパートナー関係を構築していたと考えられる。

アーノルド・トインビー&バーネット夫妻

(Arnold Toynbee: 1852-1883, Samuel Augustus Bernett: 1844-1913, Henrietta Barnett: 1851-1936)

■貧困問題から結びついたトインビーとバーネット夫婦

アーノルド・トインビーはイギリスの社会改良家、経済学者である。オックスフォード大学を卒業後は講師として働きながら、ロンドンの貧困地区を訪れて、研究や様々な労働に従事した。救貧法管理委員や慈善組織協会のボランティアとして活動し、多くの貧困家庭を訪れた。これらの経験を通して、貧困と経済の関係性について疑問を抱くようになり、三〇歳で早世するまで、研究と貧困者に対する支援活動に没頭した。

トインビーたちと同時期に貧困問題に関心を寄せ、活動を共に行った者としてバーネット夫妻が挙げられる。バーネット夫妻はオクタヴィア・ヒルが開催したパーティで出会い、結婚した。夫のサミュエル・バーネットはイギリス国教会の牧師であり、ロンドンのスラム街を担当することで、貧困者に対する周囲の無理解や誤解、またそこから生じる様々な課題を知り、社会改良に対して更に関心を強めた。同時に、妻のヘンリエッタも社会改良に関心を深め、夫と共に貧困地区において貧困者の支援を行った。

■「セツルメントの父」—世界で初めてのセツルメント施設の設立—

アーノルドの研究者としての業績は少ないが、「産業革命」を用語として初めて使用し、広めた人物として知られている。代表作『イギリス産業革命史(Lectures on the Industrial Revolution of Eighteenth Century in England)』(5)が有名であるが、これは死後、学生たちによって、アーノルドの残したメモと授業内容、論文などを編集してまとめられた著作である。しかしながら、「産業革命」という用語を初めて使用し、イギリスの社会革命が労働者階級にどのように影響を与え、貧困者を生み出したのかについて適切に示した内容は多くの研究者にインパクトを与えた。アーノルドの研究は、救貧法管理委員や慈善組織協会を通した活動や、バーネットと共に「セツルメント」を実践しようと試みた過程から生み出されたものと考えられる。

アーノルドはセツルメントの根幹となる思想を説いたため、「セツルメントの父」と呼ばれている。セツルメントとは知識人（大学の学生、教授など）がスラムに居住し、共に生活を送ることで、スラムの住人の生活向上と人格の涵養を目指した活動を指す。サミュエル・バーネットもオックスフォード大学の講演などで同時期に同様の考えを唱え、アーノルドやバーネット夫妻は共にセツルメントに向けた活動を行っていった。しかしながら、アーノルドは活動途中で早世したため、バーネット夫妻などが引き継ぎ、世界で初めてのセツルメント施設として一八八四年にロンドンにおいて「トインビー・ホール」が設立された。施設名は、早世したアーノルド・トインビーから名付けられた。サミュエル・バーネットは初代トインビー・ホールの館長を二一年間務め、妻のヘンリエッタと共に生涯を通してセツルメント活動に従事した。

■一石を投じた「貧困」観

トインビーは「イギリス産業革命史」において、労働者階級の貧困を社会的、経済的状況と結びつけて示した。その考えは、貧困は個人的問題だとする主流とは異なるものであった。貧困は社会的・経済的状況が影響した結果の一つであるというアーノルドの考えは、実際にトインビーがスラムの住人と接した経験から導き出された思想であろう。

一方のバーネット夫妻はトインビー・ホールを拠点としたセツルメント活動に生涯を通して従事した。夫のサミュエル・バーネットは講演において、貧困について「神や人間についての知識の貧困を含む広い意味での貧困である」としている。[(6)] つまり、貧困者の知識の低さが現状に繋がる一因であると考えていた。それゆえ、バーネット夫妻はセツルメントを通して、知識人から貧困者への知識の共有を図った。このように、バーネット夫妻が主なメンバーとして始められたセツルメントは、世界中の人々に共感され、受けいれられていったのである。

トマス・チャルマーズ
(Thomas Chalmers)(1780 ~ 1847)

■誕生から幼少期

一七八〇年、トマス・チャルマーズは、スコットランドにあるアンストラザーという港町で生まれた。父は、町長として勤めるなど町民からの信望も厚く、母は、近隣の貧しい家庭に衣食を携えながら訪問したという。

チャルマーズが一一歳の時に、セント・アンドルーズ大学に入学し、数学助手のジェイムズ・ブラウンに師事した。チャルマーズは彼の政治思想に影響を受け、「個人の自由な意志による盟的社会を理想」とするようになった。その後、聖職者養成の同大学のセント・メアリーカレッジへ進学した。卒業後、チャルマーズは一八〇三年にキルメニー教区の牧師として着任した。

■キリスト教共同体の形成を目指した取り組み

着任後のチャルマーズは、教区住民の生活困窮にほとんど関心を示さず、日曜礼拝をするだけの牧師であった。その後、結核闘病中にウィリアム・ウィルバーフォースの思想に触れる機会を得たことで、復帰後の言動が一変し、教区住民の家庭訪問、住民の生活状況への個別相談、貧しい家庭への援助活動などを始めた。これらの活動を通して農村地域の伝統的な相互扶助の共同体からキリスト教共同体への形成を目指すようになったチャルマーズは、周りにも知れ渡るようになり、一八一五年にグラスゴーのトロン教区に移ることになった。

■トロン教区とセント・ジョン教区での実践

当時、グラスゴーは工業都市として発展を続け、人口も一二万人を超えるスコットランド最大の都市であった。工業化に伴い、地方からの労働者が数多く流入し、従来の地域共同体ではなく、関係性が乏しいスラム(貧民街)が形成されていった。教育の場であった教区学校も消滅し、教育を受けていない児童が放置されていた。また、当時のスコットランド国教会は、裕福な階級の人々の社交場になっており、労働者には教会は近寄りがたい所であった。このような状況下で、チャルマーズは教区を単位とした共同体再興を目指した。

まずチャルマーズは、当初八人であった長老に加えて、新たに一二人の熱心な若い長老を任命した。そして、教区内を二〇地区に分割し、長老が地区を担当し、①定期的な家庭訪問、②生活の実態調査と必要な援助、③協力が得られる住民への呼びかけや説得などを行った。さらに、教区内に日曜学校協会を設立し、貧困家庭の子どもへの教育の機会を作った。

その後チャルマーズは、救貧法で行われている救済方法を批判し、定住権のある「救済に値する貧民」に限定した救済方法を提案することで救貧法の廃止を訴えた。

一八一九年にチャルマーズは、セント・ジョン教区に移ることとなった。ここでも、教区内を二五の地区に分け、各地区に長老のほか執事を配置し、執事に貧民救済を担当させた。執事の役割は、①地区内の貧困家庭への友愛訪問と生活の実態調査、②生活を自らの力で維持できない人への親族による援助の勧奨、③困窮者への近隣住民による援助の奨励と相互扶助の促進、④有産階級の慈善救済による階級間の隔たりや不和の解消、であった。その後チャルマーズは、この活動の関係者全員が参加する「セント・ジョン機関」を設けて、活動の総合的な機関として位置付けた。

しかし、一八二三年にチャルマーズが大学教授としてグラスゴーを去ったのち、一八三七年に活動は終息した。その理由として、セント・ジョン教区が他の教区とは特異な活動形態であったことや、教会への拠出の負担、活動者の意欲の低下などが重なったことが考えられる。

■新たな救済方法の提案者としての評価

チャルマーズの一連の活動は、あくまでもキリスト教的共同体の構想のもとでの実践による限界はあるものの、地域を単位とした方法を模索した点については評価できる。自身で「地域の理論」と表しながら、行政の統治機構である教区単位の活動に聖職者だけでなく、関係者から長老や執事を任命し、階級に縛られない一体感を生み出そうとした。また、無分別な救貧法の救済に対して、貧民自身に救済の必要性を問う活動形態は、その後の慈善団体の活動にも影響を与えた。

トーマス・ギルバート
(Thomas Gilbert 1720–1798)

■「ギルバート」法制度の功績

トーマス・ギルバート（以下、ギルバート）は、一八世紀後半のイギリス産業革命期において、一六〇一年のエリザベス救貧法から脈々と続いた貧民に対する抑圧的な状態を改善するべく、献身的な努力を行った下院議員である。一七八二年に成立した、貧民行政の合理化と貧民処遇の改善を目的とした「貧民救済法」は、提案者である彼の名前を冠してギルバート法と呼ばれている。法律では、労役場を中心とした施設収容による救済から居宅保護、すなわち院外救済の道をひらいた。具体的には、労働の意思と能力のある貧民に職業を斡旋し、さらに雇用が得られるまでの保護を行うこと、加えて雇用における賃金が低い場合の補助までもが含まれたものであった。ギルバート法以降、一七九五年のスピーナムランド制度、さらにはウィリアム・ヤング法の全国的な賃金補助制度につながる流れは人道主義的政策とよばれ、半世紀近く続いた。他にも、「緊急性を有しかつ出自が明瞭ではない生活困窮者」が救済を申請する場合は、当時の貧民の居住地制限を行う定住法の制限を超えて救済される旨の条項など、ギルバート法には現在の公的扶助における「緊急性の原理」を導くものも含まれている。

■救貧法の改革と評価

ギルバートは一七二〇年、イングランド中部のスタッフォードシャーで生まれた。二五歳からガウアー卿の地所管理人を長く勤め、四三歳から七五歳（一七六三～一七九五）まで、三二年間にわたり下院議員を務めた。地方が抱える諸問題に精通した政治家であり、また道路に関する地方法を多く成立させるなど、公共事業にも熱心であったが、議員になった直後から、最も熱心に取り組んだことは救貧法をめぐる活動であり、一七六五年、一七七五年、一七八一年、一七八七年と、彼は下院議員時代、四度にわたり救貧法の改革に取り組んでいる。

こうした改革の中で成立したギルバート法は、任意法であったため、ギルバート法連合に加入した教区はわずか全体の一五分の一以下と効果は小さく、「失敗に終わった」と見られている。さらに、一連の人道主義的政策が労働意欲を低下させ、救貧税負担を増大させたとの批判から、一八三四年に改正救貧法が制定された。中央集権化、院外救済の廃止や劣等処遇の原則など、エリザベス救貧法時代よりも、さらに「否定的・懲戒的」な内容は、この人道主義化に対する反動であると言われている。一方で、ギルバート法を賃金補助法として紹介するウェッブ夫妻と、それを否定するハモンド夫妻で大きく解釈が分かれることを筆頭に、ギルバート法に温情的性格を見いだすものと、「貧民の合理的支配を科学的な管理によって行った」ものとみる考えは真っ向から対立している。しかし、ギルバート法が貧法の流れを大きく変化させたことは事実であり、何より一連の人道主義政策の起点となった意義は大きい。

■現代の貧困問題とギルバートの思想

わが国の約六人に一人が貧困状態であるとされる昨今、若年層や中高年など、働く世代にも貧困は広がる一方である。その中には、ギルバート法において救済を受けるべき「働く能力があり、働く意思がありながら、職を得ることができない」人々が多く含まれ、また非正規雇用の拡大などワーキングプアの問題も深刻化する一方である。貧困を自己責任と考える傾向が根強く、まだまだ支援が十分とはいえない日本にとって、ギルバートの「仕事の斡旋（キャリア支援）」や、その間の「失業補償」、また働き始めた後も生活費の不足分を「手当」として補償する包括的支援のあり方は、学ぶところが大きい。

ベンジャミン・シーボーム・ラウントリー
(Benjmin Seebohm Rowntree 1871-1954)

■社会調査法と社会福祉論の先駆者

ベンジャミン・シーボーム・ラウントリーは、一九世紀後半から二〇世紀初めのイギリスにおいて「社会調査法や社会福祉論の先駆者」として貧困問題、労働問題を中心に、さらに農業、老齢、余暇活動、住居に至るまで幅広い領域にわたる研究を行った人物として広く知られている。また、「研究結果を活用しての労働、福祉政策の貢献」も行い、家業であったチョコレート製造業の経営者として、企業内福祉を充実させた。さらには、産業における人間関係、マネージメント実践を行ったことから、「労務管理政策の主要な開拓者の一人」としても名高い。彼の様々な実績から「福祉国家のアインシュタイン」とも称えられている

■企業内福祉政策の推進と社会調査による政策化

シーボームはイギリス北東部のヨークで、信仰のあついクエーカー教徒であり、チョコレート製造業の実業家である父ジョセフのもとに生まれた。父は社会福祉事業に熱心であり、従業員と家族を対象とした医療互助制度や工場医制度、年金制度の導入などをはじめ、企業内福祉政策を熱心に推し進めた。シーボームも一八歳から父の会社で働き、会社が有限会社になった二六歳の時点で理事の一員となった。その後、五二歳から七〇歳まで社長の職を務め、父の取り組みを充実させたばかりでなく、産業分野への心理学の導入や、不十分な国の失業保険を補う独自の失業保険制度の創設、寡婦年金をはじめとする家族手当制度の創設など、さらに大きく発展させた。

一方で、彼が最もその名を知られている、ヨークにおける貧困調査は、二八歳（一八九九年）のときに第一回目が行われた。調査結果は、失業労働法（一九〇五年）を皮切りに、学童給食法（一九〇六年）、学童保健法（一九〇七年）、老齢年金法（一九〇八年）、職業紹介法（一九〇九年）、国民保険法（一九一一年）など、社会福祉政策が目覚

ましく展開される際の論拠となった。続いて彼は土地・住宅問題についての社会調査にも取り組むが、それらの活動がロイド・ジョージの目にとまり、国家政策にも携わるようになった。一九二〇、三〇年代において土地・住宅問題と失業問題、一九四〇年代に老齢問題を中心に取り組み、さらに並行して貧困調査も、六四歳（一九三六年）、七九歳（一九五〇年）のときに第二回、第三回の調査を行っている。彼は八三歳で死去するが、死の直前まで研究は続いた。

二〇世紀にイギリスが福祉国家化する中で大きく貢献したベヴァリッジとは、ともに貧困問題の究明や解決に取り組んだ点では共通するが、ベヴァリッジは主張を正当化、補強するために統計資料を用いたのに対し、シーボームは彼自身が調査を行うことで事実を明らかにすることに徹し、主張や提案は素材に基づいた、彼の性格と同様に非常に控え目なものであったと言われている。また貧困や失業、ギャンブルや飲酒の撲滅などの社会問題を考察し、解決策を模索した彼の父親も偉大であったが、彼が父と異なるのは国家政策の中で実現した点である。研究、実践のバランスがとれていたゆえに、現実から乖離しない、また当事者側に立った政策への反映が可能であったと考えられる。

■わが国の労働者をとりまく環境とシーボーム

ヒューマニストとして労働者への温かい心を持っていたシーボームが、企業の最高責任者となったときの経営理念は、「労働者を人間として敬意をもって処遇し、彼らに労働の喜びを実感してもらうこと」「高賃金を実現するためにビジネスの効率を高めること」の二つの柱からなっていたという。ひるがえって、わが国の労働者をとりまく環境をみると、非正規雇用、ブラック企業という言葉が示すように、労働者としての尊厳が踏みにじられ、企業福祉がますます衰退する傾向が顕著である。今こそ、シーボームの実践にたちかえり、企業が、さらには国家が労働者政策に力を注ぐ時代に来ていると強く感じる。

トーマス・ジョン・バーナード
(Thomas John Barnardo 1845-1905)

■児童養護施設の近代化の先駆者として

トーマス・ジョン・バーナード（以下、バーナード）は、一九世紀後半イギリスにおいて「孤児の父」、「児童養護施設の近代化の先駆者」としてスラムの貧児救済事業に身を捧げ、英国児童福祉の先駆けを担った人物である。〝ドクター・バーナード〟と称されるのは、彼が当初中国への医療伝道を目指すために訓練を受け、後に医師資格を持ったこと、また活動の根幹が深い信仰にあり、「牧師」「医師」としての側面も、活動に影響を与えていたことに因る。

バーナード
出所：ノーマン・ワイヤー『評伝バーナード博士—昼も夜も—』キリスト新聞社　1982年

バーナードホームと呼ばれる諸施設は、男女別、年齢別による収容をはじめ、虚弱、難病、障害児などを対象とした医療機能、また自立をめざす職業訓練機能を備えたものなど、多様なニーズに対応できる質の高さを持ち、何より「五万九千三百八十四人の子供をホームに入寮させ、二万人以上をカナダに送り、そして、そのほか二十五万人の浮浪児になんらかの形の援助を与えた」という記述からも、彼の実践がいかに偉大であったかを示している。

■幼少期からの略歴

一八四五年、ダブリンで生まれたバーナードは、幼少時は「扱い易い子供ではなく」、学校時代も「手の負えない生徒」で、大学も「ほんの一、二学期だけでやめてしまった」など問題児ぶりを発揮しており、宗教に懐疑的な不可知論者でさえあった。しかし一八六二年、彼が一七歳のときに参加した集会が、ゆるぎない信仰心を目覚めさせた。そして、生徒らの服装から〝ぼろぼろ学校〟と呼ばれていた日曜学校で教えたことを契機に、子どもや貧困に関心をもつようになったが、中国で医療伝道者になりたいと使命に燃え、二一歳でロンドンにて医学生として学び始める。ロンドンでも貧児学校で活動する中、ジャービスという家のない孤児と出会い、貧児救済活動は実質的にスタートする。彼が二五歳となる一八七〇年に最初のホームを開設以来、六〇歳で亡くなるまで「彼の設立した正式のホームの数は国内で三十五ヶ所、カナダに二ヶ所、そのほかの形のセンターは八十ヶ所」近くまで拡大を続けた。

■アウトリーチによる支援

何より彼の思想や実践で特筆すべきは〝無制限収容〟、〝アウトリーチ〟である。収容しきれなかった子どもが数日後に死亡していた悲劇に対する後悔から、それ以来「どんな困窮児童も、決して入所を拒否されることはない」をホームの基本原則としたこと、また生活能力のない子どもが一人でも路上に残されている限り、自ら入所を求めて来るのを待つのではなく、夜毎に明かりを携えて彼らを探したことから「ランプを持つ紳士」と呼ばれたエピソードからも、彼の熱い情熱と人柄が伝わってくる。

■わが国の子どもの貧困問題に対する取り組みとバーナードに共通するもの

バーナードは「祈りと訴え」によって、強力なサポートを得ていた。すなわち演説や文筆業など、様々な手段を通じて周囲や社会、支援者に対して問題の存在を訴え、支援を求めることに長けていたため、優秀なスタッフに恵まれ、莫大な財政的支援が得られた。昨今、わが国において子どもの貧困問題に対し、ＮＰＯを中心とした民間の取り組みが活発である。インターネットなど現代社会ならではのツールも駆使しつつ社会に問題提起し、支援を求める手法は、バーナードの実践に通じるところがある。言い換えれば、ソーシャルアクションの大切さを改めて彼は私たちに教えてくれているのである。

フローレンス・ナイチンゲール
(Florence Nightingale 1820–1910)

■近代看護の祖として

フローレンス・ナイチンゲール（以下、ナイチンゲール）は、夜ごとランプを持ち、一人一人のベッドをまわったエピソードの通り、兵士に献身的な看護を行った「クリミア戦争の天使」として世界中に知られている。しかし彼女の業績は、むしろその後の約四〇年間の実践部分が大きい。彼女は「近代看護の祖」の表現通り、統計を駆使し、科学的方法により看護の近代化をはかった。また看護師が働きやすい設備や設計、清潔や食事といった病人が回復するための療養環境を整える病院改革にも大きく貢献した。そして文字通り、「看護の母」として看護学校を設立し、〝訓練と修練〟、すなわち技術や知識、価値を身につけた専門職養成を行い、看護を職業として確立している。

ナイチンゲール
出所：小玉香津子『ナイチンゲール』（人と思想）清水書院 1999年

一八二〇年、ナイチンゲールは資産家の家庭に生まれた。両親が女の子であっても教育を重んじたことや、上流階級に位置する者の役割として、近隣の貧しい家への慈善訪問に娘たちを伴っていたことが、彼女に大きな影響を与えた。一六歳の時に神の声を聞き、二四歳を目前に自分の使命が病人の看護であると確信するものの、当時の看護師は社会の底辺にいる女性が就く仕事であり、家族の猛反対を受け、実現することは難しかった。その間も病院や孤児院を見てまわり、病院や衛生に関する報告書を読み、また見習生として看護法や実技を学ぶなど、着々と準備を怠らず、ついにロンドンにある「婦人家庭教師のための療養所」の看護監督に就任したのは実に三三歳の時であった。理に適った、思いやりに満ちたナイチンゲールの看護に対する名声は広まり、翌年には、政府から英国陸軍病院の女性看護要員の総監督に任命された。戦地では、食事や清潔など生活環境の改善と、それまで〝ならず者〟などと人間扱いされてこなかった兵士たちを誰一人差別することなく接し、必要な手当てを十分に行った結果、半年で死亡率が四二・八パーセントから二・二パーセントに減少する劇的な改善に導いた。戦争後も、軍の反発に屈することなく、陸軍病院の組織や兵士の健康に関する課題に対して根本的な改革を粘り強く行った。一方では一八六〇年に看護学校を設立し、看護師の指導者を育てるべく教育訓練を始めた。彼女は九〇歳で亡くなるが、亡くなる前の数年を除き、仕事に対する情熱が衰えることはなく、全世界からの相談に答え続けた。

■ナイチンゲールの実践とそれを支えた思想

クリミア戦争後の彼女は、病床につくことも多く、看護の現場にも教壇にも立っていない。主に、「直筆の手稿文献が約一万二千点、印刷文献が約一五〇点」という膨大な文筆により、偉業を成し遂げている。現場経験が極端に少ない彼女は、おそらく現場に出るまでの長い時間の中で、資料を読み、調査を行うことにより、自分なりの仮説をたて、思索を深めていたのであろう。そして現場にいた期間がわずかであっても、その間は〝二四時間靴を脱ぐことがない〟くらい働く中で、自身の考えを検証し、確信を得たと推察する。その後も、自らの教育・訓練を授けた看護師との交流を通して、現場を知り、また影響を与え続ける中で、看護の概念を確立していったと考えられる。現場実践にとって理論がいかに大切であるか、そのことが専門性の確立につながっているかを彼女の実践が示している。

そもそも看護と介護は、ケアを行うという共通項があり、「生活の質」という視点や、専門職として根拠に基づくケアを重視した彼女の思想や実践を学ぶ価値は大きい。加えて、一つの生命・身体を持つ意味で人は平等であるという、当時の時代には考えもつかなかった人間観や、「看護とは、患者が生きるよう援助すること」と、本人が持つ回復力を早めるための環境整備を行うという援助観は福祉のそれと全く同じである。時に回復期の兵士に教育を行うなど、社会に戻るための具体的援助にまで及んだというナイチンゲールのソーシャルワーク的関わりにも驚くばかりである。

メアリー・リッチモンド
(M. Richmond 1861-1928)

■「ケースワークの母」リッチモンドの経歴

メアリー・リッチモンドは、自らの実践を通じてケースワークの礎となる価値と方法論を体系化し、「ケースワークの母」と称される。また、ソーシャルワークを善意の活動から専門職の実践へとその地位を確立する道を拓いた。

一八六一年にイリノイ州で誕生したリッチモンドは、幼いときに両親を亡くし、預けられた親せき宅で孤独な少女時代を過ごした。高校卒業後はいくつかの職を転々としながら、夜は速記術を独学し、好きな文学に没頭する日々であった。

そんなリッチモンドに転機が訪れたのは、ボルチモア慈善組織協会への就職であった。慈善組織協会（COS）は、個々バラバラの無差別な施与を防ぐことを目的とした団体で、貧民の自助努力に重きを置いていた。二八歳の彼女は、会計係として雇用されたが、友愛訪問などの直接支援にも携わり、精力的に仕事を進めた。その有能さが買われ、わずか二年後の一八九一年、COS総主事に就任した。

総主事としてのリッチモンドが着手したのは、COS友愛訪問員の教育であった。自らの実践から、活動の裏打ちとなる価値や知識の必要性を実感していた彼女は、「アカデミックなものより実際的」な教育カリキュラムの必要性を主張した。そして、友愛訪問員に対する六週間の講座と、ソーシャルワーク学校設立の礎を築いた。

■ケースワークの確立へ

リッチモンドが広く認められるきっかけは、一八九九年に刊行した最初の著書『貧困者に対する友愛訪問』である。彼女は、「貧困は個人に起因するものだ」というCOSの伝統的な援助観を覆す、次のような文章をこの著書で残している。

「貧しい人々のすべての病気を飲酒や怠慢の結果と考える軽率な者もいる。一方、社会改良的サービスに従事する人々は…、産業労働者の悪い労働環境と欠陥のある法律が、困窮の原因であるように思っている。…事実はこの両極の間にある。貧困には個人的および社会的な原因があり、お互いに影響しあっている」。

リッチモンドは、問題要因は個人か社会かという二者択一にあるのではなく、個人と社会双方の関係性に着目するべきだという見解を示した。

一九一七年、リッチモンドは遂にケースワーク論の礎となる大著『社会診断』を刊行した。彼女が目的としたのは、社会改良路線の全盛期にあって、個別援助の重要性を訴え、ケースワークを専門的な水準に高めることにあった。この五年後、もう一つの名著『ソーシャル・ケースワークとは何か』により、その目的を達成させた。彼女は、ケースワークの定義を「人間個々と社会環境の間を個別的に、かつ意図的に調整することを通じて、パーソナリティを発達させる過程」とし、その理念を確立した。「ソーシャルワークは専門職ではない」とされていた当時、リッチモンドのケースワーク論は専門職への道を拓いたとして広く世に受け入れられた。

■ソーシャルワークの統合的視座を問う

リッチモンドの死後、ケースワークは、精神医学を取り入れ、個別援助とその方法論に傾斜していく。一九五〇年代には「リッチモンドにかえれ」、すなわち社会環境へのアプローチの重要性が叫ばれるようになった。

リッチモンドの功績は、紛れもなく個別援助としてのケースワークの確立であった。しかし、それは個人への直接処遇に留まるのではなく、また制度やサービスの連絡調整に留まるのではなく、社会環境へのアプローチも含めたものであった。ともすれば、制度サービス調整と個人への相談援助に矮小化されがちな今日のソーシャルワーク実践を見つめ直す原点が、リッチモンドの理論と実践に見いだせる。

ジェーン・アダムズ
(Jane Addams 1860–1935)

■「近年社会福祉の母」アダムズに影響を与えたもの

ジェーン・アダムズは、世界最大規模のセツルメント拠点「ハル・ハウス」をシカゴで開設し、社会運動リーダーとして活躍した。後年は女性運動と平和運動に尽力し、「近年社会福祉の母」とも称される。

アダムズを語る上で欠かせないのが、父ジョンの影響である。ジョンは、事業家・政治家として名の知られた人物であり、平和と平等を重んじるヒックス派クエーカーの熱心な信者でもあった。アダムズが移民たちの異文化を受容したことを含め、ジョンの存在は彼女の生き方や思想に強い影響を与えた。

アダムズの人生の転機は、そんな父の死と持病である脊髄の病の悪化により、失意のどん底にあった彼女が遊学先のスペインで闘牛を見学したことであった。闘牛見学を終えた彼女は、個人的愉しみのために残酷な行為を容認することは、少数者の贅沢のために多くの人間の尊厳を奪い搾取することと同じ構図だと強く反省し、眠れぬ一夜を過ごしたという。強い衝動に駆られた彼女は、すぐにセツルメントの先駆であったロンドンの「トインビー・ホール」を訪れ、帰国後に友人エレン・ゲーツ・スター（E. G. Starr）とシカゴに「ハル・ハウス」を開設した。一八八九年、アダムズ二九歳の時である。

■貧困という社会の矛盾との対峙

ハル・ハウスでアダムズらが重点を置いたのが、移民対策と児童問題であった。当時のシカゴは、人口の四分の三が移民で構成され、ハル・ハウスの舞台であるステート街は、特に孤児が多い悲惨なスラムであった。アダムズらは、「貧民と富裕者」、「移民とアメリカ社会」など分断された異なる層をつなぐ媒介者であろうとした。これは、当時の慈善組織運動が、貧民を人格的に「指導・矯正」し、社会に適応させようとしたのとは対照的である。

また、貧困は社会構造によって生み出された問題であるとし、個人のケースごとに解決するのではなく、グループや地域全体の力で解決を図ろうとした。さらには徹底した調査を実施し、その結果を広く発信することで世論を喚起し、社会福祉関連のいくつかの法制度を整備・改正させる動きをつくった。こうした動きは新聞を通して紹介され、アダムズは瞬く間に全米のヒロインとなった。社会的次元での問題解決を目指したセツルメントは、後のコミュニティ・オーガニゼーションの理論形成に大きな影響を与えた。

■社会的弱者が創造する平和社会の実現を――アダムズの原動力――

全米のヒロインとして脚光を浴びたアダムズであったが、第一次世界大戦にアメリカが参戦すると、その評価は一変。平和運動や女性運動に傾注したアダムズは、「危険な女性」とみなされるようになった。しかし、彼女は精力的に女性と平和運動のために世界中を奔走した。一九二三年には来日し、平塚雷鳥や市川房江など日本の婦人運動家たちにも多大な影響を及ぼした。こうした活動が認められ、一九三一年にノーベル平和賞を受賞した。

アダムズは、貧困を社会構造の歪みの現れとして、世論を巻き込んだ運動で社会そのものを変革しようとした。これは、グローバリゼーションや新自由主義的政策により、社会的孤立・排除の諸問題への対応を迫られる日本社会にとって大きな示唆に富んでいる。すなわち、個人への支援だけでなく、社会の構造的問題に目を向け、地域・社会そのものへアプローチすることの重要性である。もう一つ忘れてはいけないのは、その先にあるビジョンである。社会的弱者が創造する平和社会というビジョンを描き、それに賭けた運動家アダムズの姿は、私たちに自らの社会福祉ビジョンは何かという問いを突きつける。

注

（1）Octavia Hill（1997）The Befriending Leader-Social Assistance Without Dependency-, Lytton Puv.Co
（2）Sidney Webb , Beatrice Webb（2011）Industrial Democracy, Nabu Press
（3）Galton, F.W.（1949）'Investigating with the Webbs' in Margaret Cole（ed.）, The Webbs and their work
（4）Beatrice Webb（2013）Our Partnership, Brewster Press
（5）Arnold Toynbee（1916）Lectures on the Industrial Revolution of the eighteenth century in England, London
（6）Barnett, S.A.（1884）Universities and the Poor, The Nineteenth Century, February

引用・参考文献

市瀬幸平（二〇〇四）『イギリス社会福祉運動史　ボランティア活動の源流』川島書店
室田保夫編著（二〇一三）『人物で読む西洋社会福祉のあゆみ』ミネルヴァ書房
小山路男（一九七八）『西洋社会事業史論』光生館
T.C.Smout『A history of the Scottish people 1560-1830』Collins, 1969（＝木村正俊監訳（二〇一〇）『スコットランド国民の歴史』原書房）
Mary.E.Richmond『SOCIAL DIAGNOSIS』Rusell Sage Foundation 1917
高野史郎（一九八五）『イギリス近代社会事業の形成過程』勁草書房
Richmondo, M.E., FRIEDLY VISITING AMONG THE POOR（星野晴彦訳（二〇一四）『善意からソーシャルワーク専門職へソーシャルワークの源流』、筒井書房）
Richmondo, M.E., What Is Social Case Work?: Introductory Description, Russell Sage Foundation, 1923.（小松源助訳（一九九一）『ソーシャル・ケース・ワークとは何か』中央法規出版）
右田紀久恵・高澤武司・古川孝順編（一九七七）『社会福祉の歴史』有斐閣
大塚達雄、井垣章二、沢田健次郎、山辺朗子（一九九四）『ソーシャル・ケースワーク論 社会福祉実践の基礎』ミネルヴァ書房
Addams, Jane, Twenty Years at Hull－House: with autobiographical notes. Macmillan, 1910
木原活信（一九九九）『福祉に生きるシリーズ　ジェーン・アダムズ』大空社
古川孝順訳（一九七八）『アメリカ社会福祉の歴史』川島書店
上掛利博（一九八六）「T.ギルバートの救貧法改革論（一七八一年）について」『立命館経済学』三五（三）、PP.439-468

梅川正美（一九八〇）「イギリス産業革命期の救貧法（一）：ギルバート法と「名誉革命体制」」『名古屋大學法政論集』八三、PP.266-338

樫原朗（一九七三）「イギリス社会保障の史的研究Ⅰ」法律文化社。

小山路男（一九六二）「イギリス救貧法史論」日本評論新社。

矢野聡（二〇一二）「イギリス救貧法における right to relief の形成について」『日本法學』七八（二）、PP.27-54

井垣章二（一九八〇）「ラウントリーとベヴァリッジ－イギリス福祉国家への道」『評論・社会科学』一八、PP.1-28』

小沼正（一九六九）「シーボーム・ラウントリー」『季刊社会保障研究』五（三）、PP.107-116

小沼正（一九七六）「シーボーム・ラウントリーのプロフィルと業績－貧困調査を中心として（人と業績－1－）」『月刊福祉』五九 P.10、四八－五二

山本通（二〇〇七）「B・シーボーム・ラウントリーと住宅問題」『商経論叢』四三（二）、PP.1-55

山本通（二〇一二）「B・シーボーム・ラウントリーの日本滞在記（一九二四年）」『商経論叢』四一（三・四）、PP.51-66

小宮山主計（一九五七）「バルナルドに関する一考察：バルナルドホーム設立への社会的背景」『日本社會事業短期大學研究紀要』五、PP.24-33

高松誠（二〇一二）「ドクター・バーナードホームの児童救済事業：年次報告書を通してみた事業内容」『社会事業史研究』第四一号PP.41-53

津崎哲雄（一九八〇）「ドクター・T．J．バーナード略伝」『ソーシャルワーク研究』Vol.6 No.1 28

三上邦彦（二〇一二）「ドクター・バーナード・ホームの慈善事業による子どものケアに関する研究―創設の背景と設立前史―」『岩手県立大学社会福祉学部紀要』第一四巻PP.49-54

Wymer, Norman. (1962) Dr Barnardo, Longman Group Limited.（＝一九八二、半田香代訳『評伝バーナード博士―夜も昼も―』キリスト新聞社。

上野範子（二〇〇三）「ナイチンゲールの文献に関する研究」『日本福祉図書文献学会研究紀要』二、PP.3-19

小玉香津子（一九九九）『ナイチンゲール』清水書院。

金井一薫（一九九一）「看護思想を通してみたF・ナイチンゲール著『救貧覚え書』の今日的価値と、社会福祉教育におけるその教育的活用効果について」『共栄学園短期大学研究紀要』七、PP.171-183

第三章

今日の思想風潮と社会福祉

社会福祉を取り巻く思想風潮は、社会福祉の歴史上全く新しい流れを創り出している。それは、経済至上主義的思想潮流を主流としつつ、むしろその主流を補完しつつ、社会保障の根幹であった「所得の再配分」政策を行財政改革や、小さな政府への指向政策のもとで形骸化させ、代わって、自己責任を柱とする自助思想を強調してきている。こうした潮流に無批判であればあるほど、社会福祉の将来の展望は難しくなる。今こそこの思想風潮に批判を加え、そこから新しい方向性を見いだすことが必要ではないか。

一、新自由主義（neo liberalism）批判（社会福祉の視点から）

（一）新自由主義とは

新自由主義は日本の社会福祉にどのような影響を与えたかを見てみたい。そもそも新自由主義とは何かを概括してみる。新自由主義とは、「政府の過度な民間介入を批判して、個人の自由と責任に基づく競争と市場原理を重視する考え」ということができる。福祉国家の実現や「大きな政府」を支持する古典的な自由主義に対して夜警国家的な「小さな政府」を支持する考えである。

柴山桂太（経済学者）は、『まともな日本再生会議』（二〇一三、アスペクト）のなかで、新自由主義には三つの柱がある、と指摘する。一つ目の柱は、開放経済（open economy）。経済はできるだけ開放して貿易や投資、人の移動を自由化した方がよい。関税による保護貿易とか補助金政策のようなものは止めるべき、とするもの。二つ目の柱は、規制緩和（deregulation）である。規制は最小限に抑えるべきだ。規制は競争を抑制してしまうし、規制によって保護された業種を腐敗させるから、というもの。三つ目の柱は、小さな政府（small government）である。政府による赤字の垂れ流しはよくない、財政規律を守るべきだ、とする考え方である。

新自由主義は、一九八〇年代から世界中に広まり各国の政策に大きく影響した。一九六〇年代から七〇年代にかけて、ドルショック（アメリカの経済的衰退を明確にしたドルの金兌換中止）、オイルショック、激化する労働運動、そして低成長下のインフレーションなど第二次世界大戦後の高成長を維持してきた先進国の資本主義は、大きな危機に見舞われた。その際、ケインズ主義にとってかわる考えとして、一九八〇年代からの経済のグローバリゼーションの思想として支配的潮流の座に就いたのが新自由主義であった。一九八〇年代は、こうした考えに基づきイギリスのサッチャー、アメリカのレーガン、日本の中曽根政権のもとで民営化や減税が進められた。新自由主義の思想的背景は、ケインズ主義に対するものとして登場した。ケインズ主義の背景にあったものは、一九二九年の世界大恐慌である。資本主義は自由に任せると不安定なものとなり、同時に社会の公正が保持できない。したがって、政府が有効需要を調整したり金融活動に規制を設けたり、貿易や資本移動についても国際的な管理を行う（柴山）。とするもの。また、社会の公正を維持するため、所得の再配分を基調とした社会保障制度を提唱した。

新自由主義は、古典的自由主義と同じく実践的な考えである。例えば、古典的自由主義は、絶対王政の「過剰統治」と国家の肥大化を批判し、市場の論理に基づく市民社会の自律性を謳いながら登場した。新自由主義はケインズ主義的福祉国家の所得再配分政策などがもたらす。これまた「過剰統治」と国家の肥大化こそが資本主義的システムの機能不全をもたらすとし、規制緩和、福祉削減、緊縮財政、自己責任などを旗印に登場してくる。

（註）ケインズ主義の具体的な政策の一つがベヴァリッジ報告である。一九四二年、ベヴァリッジの名で政府に提出された「社会保険及び関連サービス」と題する報告書である。その対象は五つの巨人とした。即ち、「貧困」（これには所得保障）、「疾病」（これには医療保障）、「無知」（これには教育政策）、「不潔」（これには住宅政策）、「怠惰」（これには完全雇用政策）の五つである。それに社会保険で対処するとし、三原則を示した。すなわち、「均一給付、均一拠出」「最低生活保障」「全国民を対象とする一般性の原則」である。この報告は救貧法の廃止につながった。また、この報告書は、世界の社会保障に

大きな影響をあたえた。しかしその後、この均一給付・均一拠出の原則は高度経済成長期に入って修正を迫られることになった。

今日の新自由主義は、新保守主義と手を携えながら、家族の価値、道徳観の復活、治安の強化、マイノリティの権利の削減、排他的ナショナリズムといった強い国家の再編成を促す傾向にある。その一方で、従来は市場の論理になじまないとされてきた領域、例えば、公教育、社会福祉、犯罪政策等にまでその論理を拡大する徹底した傾向を持つのである。こうした新自由主義への「改革」は、企業権力の拡大、貧富の格差の増大、弱肉強食イデオロギーの浸透による市民の連帯意識の衰退といった負の効果を生み出している。

（註）新保守主義（neo conservatism）とは、イギリス保守党が掲げる政策。社会福祉でみると、富の分配の平等化などを主張し、保守反動に陥ることなく、斬新的な政策をもって臨むべきとする考え方（広辞苑）と説明されている。
また、社会福祉の視点で見ると、第二次世界大戦後、先進資本主義諸国は産業化の進展による経済成長と社会主義国への対抗が相まって福祉国家体制を整備しつつあった。しかし、一九七〇年代以降の低成長期に入ると財政負担の増大もあって、各国共に「福祉国家の危機」に直面する。アメリカとイギリスにおいて、その潮流をリードしたのが保守主義であり、一九七〇年代後半になると保守主義に新自由主義を併せ持つ新保守主義といわれる政治思想が台頭し政治的にも力を発揮するようになる（『エンサイクロペッヂア社会福祉学』／二〇〇七／中央法規）。

（二）　社会福祉への影響

新自由主義は、国・地方の政策思想として現在では主柱を占めているといっても過言ではない。では、この新自由主義が社会福祉の分野にどのような影響を与えているかを見てみたい。

社会保障の根幹の切り崩し

社会保障システムの根幹は、所得の再配分システムの保持である。所得の再配分システムは、社会保険制度の根幹を形作るシステムであり、それは、保険料の応能負担に現れる。そして享受するサービスは国民平等であり、無料であることが原則である。

ところが、原則的には応能負担を採りながら、サービス受給は応益負担を課すという「所得の再配分」機能を曖昧にする政策が徐々に進められてきている。

さらに、現在では、住む地域によって保険料負担や受給するサービスに差異も生じてきている。例えば六五歳以上の高齢者の介護保険料（二〇一二〜二〇一四年）は、全国平均で四九七二円、保険料の最高は、新潟県関川村の六六八〇円、最低は、北海道奥尻町と津別町ならびに鹿児島県三島村の二八〇〇円である（厚労省二〇一四年三月三〇日発表）。介護保険料は全国平均で、二〇〇九〜二〇一一年度と比べて一九・五パーセント（八一二円）増加している。このことは何を物語るか。介護サービスは、保険システムを採っているため需給バランスで保険料が決まるということである。具体的には、高齢者数、提供するサービスの種類と量、それぞれのサービスの質の良し悪し、市町村財政の状況によって保険料は設定される。このように国民は、住む市町村よって保険料が異なり、受けられるサービスも異なる。社会保障の柱である社会保険制度の運用から国が一歩も二歩も退き、そのツケを市町村に回すとこのようなことが必然的に起きることになる。

結論的に言えば、介護保険サービスは、介護が必要な高齢者のニーズに合った質の高いサービスをどのように提供するかに重きが置かれるのではなく、保険者（市町村）としていかに保険財政を切り詰め、制度の維持を図るかに重きが置かれる。

国民の最終のセーフティネットである生活保護制度の運用はどうであろうか。ＮＨＫ取材班は、二〇〇九年から三年近くかけて生活保護に関する取材を行った。その結果を『生活保護三兆円の衝撃』（二〇一三年・宝島文庫）にまとめた。その前書きの初頭に「この国の底が抜けた」とある。そこには、年々増え続ける生活保護費を示し、「一年間に四兆円（国の税収四〇兆円の一〇パーセント）に迫ろうとしている」と生活保護費の驚異的な伸長を告発している。そして、生活保護給付基準は、一日八時間・週五日間働いても生活保護費より安い賃金しかもらえないところが六府県ある、とその不公平さ、要するに生活保護基準の高さ、を指摘する。保護費の受給水準より所得が低い層は全国で六〇〇万人いるといわれ、生活保護水準にある人のうち三分の一程度しか保護を受けていない。また、生活保護には二〇〇九年以降大量に流れ込んできた「働ける世代の生活保護受給者」がいると指摘する。加えて、生活保護受給者を病院が囲い込んで利益追求の道具にしている。さらに、貧困ビジネスと言われる反社会的勢力による生活保護悪用の実態がある。こうした状況は、国民が「健康で文化的な最低限度の生活を営む権利」（憲法第二五条）を国が保障するという最後のセーフティネットさえも切り崩されている実態を「この国の底が抜けた」と表現したものであろう。

実は、新自由主義は、所得の再配分という社会保障の根幹を崩し、新保守主義の基本思想である自己責任、いわゆる、自助のイデオロギー思想と強く結びついて、最後の砦を侵食しつつあるといえないか。

サービス供給主体の多様化と競争原理

新自由主義は、福祉サービス供給主体の多様化を促した。サービス供給主体の多様化は、多様な主体が互いに競争することにより、質の悪いサービスは淘汰され、結果サービス利用者は質の高い快適なサービスを享受することができるとするものである。

このため、サービス供給主体間では競争が生じ、サービス利用者の利益よりも提供者の利益が優先される傾向が強まった。先の民主党政権では、鳩山初代総理が中心となって「新しい公共『円卓会議』」なるものを立ち上げた。その中で「社会福祉法人などは、補助金漬け、行政の下請け化して、独自の事業を展開できていないのでこうした行政下請けから『新しい公共』への転換が必要である」。さらに、「新しい社会事業法人をつくる。この法人は『持ち分有り』で出資金の税額控除、みなし寄付、法人税率三〇パーセントとする」などを提起した。規制改革会議報告（平成二一年一二月）では、社会福祉サービスの提供には、社会福祉法人、NPO法人、ボランティア、営利法人さえも参入すべきである、そしてこれら多様な主体が公正な競争をするためには、社会福祉法人の優遇措置は適切でないとさえ公言した（イコールフイッテング論）。

民主党政権のこの政策は、現れ方こそ違うが、今日の自民党政権にも引き継がれてきている政策思想だといっても間違いではない。競争原理は、いびつな社会福祉状況を生み出しただけではなく、サービス提供主体間の連帯・連携、協働を奪い去ったともいえる。国は、こうした状況を創り出す一方で、主体（主として、社会福祉法人）間の連携で社会貢献をなどと喧伝している。

新たな社会福祉問題への取り組みの鈍化

新自由主義による「競争」原理の導入は、地域に派生した新たな社会問題、例えば、ホームレス問題、児童や高齢者の虐待問題、ニート問題などへの挑戦・取組を鈍化させた。競争はその一方では共同・連帯という、地域福祉の視点から見ても、最も大切な活動推進機能を鈍化させることにつながった。さらには、異業種間問題、例えば、高齢者福祉にかかわる者は障害者問題に無関心であるというような、異業種間問題への関心を鈍くした。このように競争原理の導入は、地域福祉問題取組への鈍化、異業種問題への関心の鈍化・分断を促したともいえる。

（註）競争を「競争」としたのには訳がある。社会福祉にみられる競争は、実は、国によるガチガチに規制された制約の中での競争である。したがって、この競争は似非競争ではなかろうかという意味で「」書きとした。

新自由主義は、競争原理を根底においているため、競争に勝利するためには効率的なサービスの提供が不可欠となる。サービス提供の効率性とは何かを次の例から問いたい。

例一：ある特別養護老人ホームでは常時職員が不足した状態である。そのため、食事時間も限られる。食事介助をしている職員は、限られた時間内に食事を摂ってもらうため、介助を受けている老人の口に次々と料理を押し付ける。その老人は、食事の味を十分に味わうことさえできない。

例二：在宅支援を行っているホームヘルパーは、相手の要介護度にもよるが、規定された時間内に介護を行わなければならない。ここでは、相手のニーズや悩みを十分に聞いてあげて、その状況に対応する援助を行う時間的余裕がない。つまり、介護サービスを時間内に提供するだけで、ソーシャルワークを行うことができない。こんな無味乾燥な在宅介護サービスでよいのだろうか。

筆者は、かつて、スウェーデンのリンショーピン市の在宅支援ヘルパーの活動を見たが、そこでのヘルパーは、介護サービスを提供したのち、二〇分程度の時間で相手の悩みや、今現在困っていること、健康上の不安がないかなどを聞きだし、必要と判断すれば、その場で看護師やソーシャルワーカーに連絡を取り対処していた。これが**介護福祉**の本来あるべき姿なのではないかと感じた。

実は、サービス提供の「効率化を図る」という名目のもとで、クライエント主体のサービスから、提供者中心のサービス提供に逆戻りさせている。これを当然とする風潮が競争原理の中には潜んでいるといえる。

結局、新自由主義は、社会福祉に良好な影響を与えたとは言い難い。新自由主義の本質は先にみてきたように、経済への政府の過度の介入を避け、個人の自由と責任に基づく競争と市場原理を重視する考えである。この考えが社会保障、社会福祉分野に持ち込まれた結果「自助のイデオロギー」が主流となり、国家責任、連帯、協働は薄められることとなった。社会保障における所得の再配分機能は弱められ、社会福祉における「国民の権利と国家の義務」は

「国民の権利と義務」に置き換えられ、社会福祉の理念構造は根底から崩されることとなった。

しかし、ここで注目しておかなければならない問題がある。新自由主義が提起する小さな政府への行政改革、規制緩和、民間活力の活用、新保守主義と結びついた家族第一主義、自助責任、「保護より就業」などのスローガンは、国民受けがし易い響きを持っている。社会福祉にかかわる者は、このスローガンの裏に隠された思想を鋭く見抜き、新たな、国民福祉を築き上げる理念を作り上げる必要に迫られているのではないかと考える。

二．グローバル化とローカリティの陥穽《かんせい》

社会福祉におけるグローバル化と真逆のローカリティの理念が社会福祉関係者に突き付けられているが、この問題について考えてみたい。特にこの二つの理念は、社会福祉においては統合的にとらえようとする傾向が強いが、これは、現実的な場面では無批判に受け取ることができない問題を孕んでいる。

（一）社会福祉の「グローバル化」論批判

グローバル化とは何か

グローバル化とは、一つの現象である。グローバル化という用語が国際化という語にとってかわり始めたのは二〇世紀の終わりくらいからである。グローバルとはすなわち地球規模化ということであり、その一方では、グローバル化は、世界の全体化ということでもある。このグローバル化をいくつかの領域に分けてみてみる。最もこの進行の度合いが高いのは経済領域と環境問題領域である。反対に最も進行が遅いのは政治領域であり、次いで文化領域である、と述べている。（『グローバル世界と倫理』／二〇〇八／ナカニシヤ出版）

グローバリゼーションの多様性

グローバリゼーションは本来多様な関連と動きをもつ。現在では、資本、商品、人材、知識、犯罪、環境汚染、麻薬、ファッション、信仰などが容易に国境を越えて世界中に広がる。ステイガー（Manfred B Steger：オーストラリアの政治経済学者）は、グローバリゼーションの動きを「経済的次元」「政治的次元」「文化的次元」「イデオロギー的次元」に分割している。

経済のグローバリゼーションの特徴として、①貿易と金融の国際化、②多国籍企業の増大、③ＩＭＦ（国際通貨基金）、世界銀行、ＷＴＯ（世界貿易機関）などの役割の拡大の三つの側面をあげている。

政治的グローバリゼーションは、ウエストファリア講和条約にその起源があるとされる近代国民国家が、既にその国内における政治的な方向性を決定する能力を剥奪され、事実上の終焉を迎えるのではないかと問題視されている。

（註）ウエストファリア講和条約とは、三〇年戦争（一六一八年～一六四八年）の終戦条約。初の多国間条約。その内容は、スイスとオランダの独立の承認、ドイツ諸侯が主権をもつことの確認、プロテスタントとカソリックの同権の認証、フランスが欧州随一の大国に、これで国民国家体制が確立されたと言われている。

文化のグローバリゼーションとは、地球全体にわたって言語や音楽などの文化のグローバルな流れが強化され、拡大していくことを意味する。しかしその反面で、西洋的な規範と生活スタイルがより脆弱な諸文化を圧倒し、世界の多種多様な文化を画一化させる。

グローバリゼーションのイデオロギー的次元において、ステイガーは、

①　グローバリゼーションは、市場の自由化及びグローバルな統合に貢献する。

②　グローバリゼーションは歴史的に見て「不可避」な動きである。
③　実質的にグローバリゼーションの動きを統括もしくは支配しているのは市場とテクノロジーである。
④　グローバリゼーションの動きは、「グローバルな規範での生活水準の向上」「経済効率の上昇」「個人の自由の拡大」「前例のないテクノロジーの進歩」など誰にとっても利益がある。
⑤　グローバリゼーションは世界に民主主義を一層広める、と主張する。
（以上、西村高宏・大阪大学特任助教『グローバル世界と倫理』／ナカニシヤ出版／二〇〇八）

これに対して、シアトルの闘い以降反グローバリゼーションを掲げる民衆運動が一層過熱化している。

（註）シアトルの闘い：WTOの第三回閣僚会議は一九九九年一一月三〇日から一二月三日までシアトルで開かれた。しかしこの会議は、宣言文を巡って参加国の合意が得られなかっただけでなく、会議そのものが流産してしまった。シアトルのデモ隊が抗議していたのは、資本の活動に最大限の自由を与え、最終的に競争力の弱い弱者の淘汰を促進させること。WTOはこれまで発展途上諸国や貧困層、環境、労働者、消費者を犠牲にして先進諸国の企業利益を援護してきた。WTOという国際経済機関そのものが「人々の主権を国民国家からグローバル企業へと移す過程の促進拡大のための仕組み」に他ならないと主張した。

反グローバリゼーション民衆運動が主に抗議しているのは、WTOやIMFそして世界銀行など、これまでグローバリゼーションを推進してきた国際経済機関に対して、それら国際経済機関を実質的に支配している先進主要国首脳、グローバリゼーションの真の受益者である多国籍企業に対してである。

グローバリゼーションと社会福祉

グローバリゼーションの多様性の中で見てきたが、社会福祉・社会保障領域は文化領域の範疇に入るのではないかと思える。日本の社会保障・社会福祉の国際化の始まりは、戦後のGHQによるアメリカ民主主義理念の日本への輸出である。この段階は、むしろ国際化と理解した方が適切だと考える。

グローバリゼーション（地球規模化すること）または、グローバル化という表現が、社会福祉の国際的なつながりや流れを表現するのに適しているとは思わない。タイトルでは、「グローバリゼーションと社会福祉」としたが、その実、内容は「社会福祉の国際的なつながりと流れ」を見ることになる。

（註）グローバル化（globalism）という言葉が国際化に取って代わったのは二〇世紀後半くらいからではないか。**この言葉は「国際化」とどう違うのか明確な基準はないのではないかと思える。**単に、国と国との垣根を超える「国際化」に代わって、地球上のどこにいても、ITを駆使すれば瞬時に地球上の出来事に接することができるし、空路を活用すれば世界のどこへでも行くことができる。こうしたことを考えると、世界のある事柄は地球規模で流通する。それは、国と国との間を行き来する流通（国際化）をはるかに超えているといっても差し支えないだろう。しかし、地球的な規模の諸問題に対して、各国の専門家や研究者から警鐘が鳴らされてきている。中でも、ローマクラブのレポートは「人口、食糧、工業化、環境汚染、再生の不可能な天然資源など、多角的な側面から現代社会を分析している。その結果、世界人口、工業化、食糧生産、および資源の使用の現在の成長率が不変のまま続くならば、来るべき一〇〇年以内に地球上の成長は限界点に達するであろう」（ローマクラブのレポート『成長の限界』より引用）と今日の経済成長の在り方に警鐘を鳴らしている。

（註一）ローマクラブ（Club of Rome）は、スイスのヴァンターツールに本部を置く民間のシンクタンク。『成長の限界』などを発表している。

社会福祉のグローバル化というとき、まずその福祉的問題、すなわち、貧困、虐待、差別、疾病、マイノリティ問題などが地球規模で広がっていることは歪めない事実である。反面、ソーシャルワークがそれら地球規模化している諸問題に対応しているかと言えば、NOである。ソーシャルワークは、国際間の地道な研究交流と実践を積み重ねながら、その実績を構築していくところから国際化、さらには、グローバル化へと広がりを見せるのではなかろうか。本章では、日本の社会福祉が国際的にどのような影響、とりわけ、思想的影響を受けたかを見てみたい。

① 日本における貧民救済事業、慈善事業の海外的影響

日本の貧民救済事業、下って、慈善事業も外国の影響を強く受けてきた。それらを簡略に紹介してみる。

・**フランシスコ・ザビエル**（Francisco de Xavier 1506 ~ 1552）は、一五四九年ジェスイット派の宣教師として来日し、約三年間滞在した。布教のかたわら、豊後府内の城主大友宗麟（一五三〇~一五八七）に慈善救済の必要性を訴え、長崎、大分、山口、京都、堺等において窮老、孤児、難民などを救済した。

・**ルイス・デ・アルメイダ**（Luis Almeida 1525 ~ 1552）はポルトガルの商人。一五五五年に来日し、私財を投じて孤児院、療病院、などを開設し、キリスト教的慈善と西洋医学を伝えた。

・**本多利明**（一七四三~一八二〇）（江戸中後期の経世家、数学者）は、フランスの防貧制度の紹介や間引き防止の養育制度などを主張している。鎖国の時代にフランスの制度に精通しているのには驚かされる。

・**恤救規則公布**（一八七四（明治七）年）今日の生活保護法の原型と言われる恤救規則は、その救済原理を「人民相互の情誼」（人民の相互扶助）に置いた。対象は、極貧独身老人、障害者、病弱人、児童とした。労働能力がある者や身寄りのあるものは一切保護しなかった。

・**セツルメント活動**は、アメリカ人宣教師アリス・P・アダムス（AlisPetteeAdams: 1866 ~ 1937）が、一八九一（明治二四）年、岡山博愛会を設立しセツルメント活動を始めた。これが日本における最初のセツルメント活動と言われている。また、日本人では片山潜、賀川豊彦がセツルメント活動を起こした（前掲）。

・**済世顧問制度**（一九一七（大正六）年）は岡山県で笠井信一知事によって創設された。その目的は「防貧事業

を推進し、個人ならびに社会を向上せしむ」とした。この済世顧問制度は今日の民生委員制度の原点になるものであり、都市の貧困問題の広がりに対して地域の篤志家を委員として委嘱し、貧困世帯の個別援助や生活状態の調査を行ったものであり、地域性、無償性、自発性の特徴を持っている。

この制度は、ドイツのエルバーフェルトシステム、ヨーロッパ・アメリカの慈善組織協会、中国の隣保制度などを参考に創設されたものである。

以上、日本の救貧事業、セツルメント活動、済世顧問制度などを散見してきたが、これらはいずれも外国人の強い影響の反映、さらには、海外の諸制度や活動方法などを上手に取り入れながら創設され発展してきたということがいえよう。救貧事業や慈善活動の国際化は、かなり早くから始まっていたと言えよう。

② アメリカによる社会福祉・社会保障理念の日本への輸出

GHQは、一九四六（昭和二一）年二月、社会救済の四原則（public assistance）を日本に提示した。すなわち、「救済の無差別平等」「国家責任」「公私分離」「救済総額に制限を設けない」の四つである。この原則が今日の日本の社会保障・社会福祉の基本理念となっており、また、日本国憲法にも色濃く反映している。

救済の無差別平等の原則：一九四五（昭和二〇）年一二月国は生活困窮者緊急生活援護要綱を策定したが、ここには救済対象を、戦災者、外地引揚者、離職者、復員軍人、軍人家族、在外者留守家族、傷痍軍人、一般生活困窮者に八分類されている。GHQは、これら生活困窮者を平等の対象とすることを指示した。特に、復員軍人、軍人家族、傷痍軍人などが優遇されてはならないとした。

国家責任の原則：日本政府は、救済の責任を慈善事業者など民間に押し付けることなく、国の責任で行うべきとした。

公私分離の原則：日本政府は、慈善事業に公費を充ててはならないとした。戦後の混乱の中で、戦災孤児の保護養育、障害者の保護などに当たっていたのは慈善事業家であった。この慈善事業に公費を充ててはならないとしたのである。この理念は、日本国憲法にも反映され、日本国憲法第八九条には（公の財産の支出、利用の制限）を謳い、「公金その他の公の財産は、宗教上の組織若しくは団体の使用、便宜若しくは維持のため、又は公の支配に属しない慈善、教育若しくは博愛の事業に対し、これを支出し、又は利用に供してはならない」と規定した。そのため、慈善事業に充てる財を確保するため、一九四七（昭和二二）年赤い羽根共同募金（community chest）が、これまたGHQの指導により創設された。

救済総額に制限を設けない：国は、生活困窮者の救済に当たり、その救済資金に制限を設けてはならないとしたのである。この理念は、憲法にも反映され、憲法第二五条には、（国民の生存権、国の保障義務）を謳い、第一項には「すべて国民は、健康で文化的な最低限度の生活を営む権利を有する」第二項では、「国は、すべての生活部面について、社会福祉、社会保障及び公衆衛生の向上及び増進に努めなければならない」としたのである。

この社会救済四原則およびその理念の日本国憲法への反映は、アメリカ民主主義理念の日本への輸入ともいえる。もちろんそれらの理念には、日本政府のなにがしかの意向が生かされているともいえるが、どうであろうか。

③　ソーシャルワーク伝播の国際化

日本の社会福祉援助技術論（ソーシャルワーク論）は、その殆どがイギリス、アメリカなどで起こり、それが日本にも伝えられたといえよう。今日、日本のソーシャルワークとして駆使されている社会福祉援助技術論のいくつかを、その歴史的経過をたどりながら見てみたい。

（ア）ケースワーク

ケースワークの源流は、メアリー・リッチモンド（Mary Richmond）が、一八九〇年、ボルチモアのCOS

(Charity Organization Society) 総会で「友愛訪問制度」を提唱したことに始まる。友愛訪問制度は「忍耐強い、根気よい、誠実なる友人」として「最も強い人格的影響力」によって、貧者に「勤勉と自制の習慣」を教えていくことが必要だとし、「物的施与によって階級間の急速な弊害を正すなどと望んではならない」と強調した。

(註) COSは、貧民院運動の反省から起こった。その典型は、バッファロウ協会(一八七七年設立)であるとされている。協会の原則は、貧者を「信条、政権、国籍で排除しない」「改宗させない」「個々の慈善団体は独立性を保持する」「COSは相手に直接援助しない」「センチメント(感情)を持ち込まない」とするものであった。

(註) アメリカの貧民救済は、イギリスのエリザベス救貧法をモデルにした。そして、一九世紀前半は貧民院運動が盛んになった。その貧民院運動の一つの報告書(一八二四年、ニューヨーク州のイエーツレポート)では、次のようなことが認めてある。①各郡に農場を持つ、②頑強な乞食や浮浪者の訓練のための刑務所と関連付ける、③運営基金のため消費税を上げる、④一年間定住を救済の条件とする、⑤救助を求める者に対しては、その者が病気または疾病になった郡で引き受ける⑥一八歳から五〇歳で健康なものは被救済貧民のリストには載せない、⑦被救済貧民を郡に連れて来たり置き去りにしたものは厳罰に処す、⑧街頭での乞食を全面的に禁止する、⑨作業所の建設費は郡で負担する、⑩刑務所に入っている者とその家族には生活維持の費用を、その刑務所がある郡が負担するといったものであった。

COS運動の反省から友愛訪問制度を提唱したリッチモンドであったが、彼女は社会学的視点から徐々に心理学、精神医学に力点を移し、社会改良の視点が希薄化し、問題を個人の社会生活への不適応と捉えるようになった。しかし、メアリー・リッチモンドの訪問員制度の援助理念と方法がケースワークの源流であるというのが定説となっている。

(イ) グループワーク

グループワークは、セツルメントハウス運動の中から生まれたといわれている。そのほかアメリカでは、青少年サービス団体の活動、レクリエーション活動などに活用されるようになった。ここでは、グループワークそのものの原理、実践方法などについては省略するが、グループワークがそもそも発祥したとされるセツルメント活動について簡単に触れてみたい。

セツルメント活動は、産業革命以来、富の二極分化が進んだイギリスでは多くの貧民層が生まれ貧民街（スラム）を形成した。こうした貧民・労働者街にサミュエル・バーネット夫妻の指導のもと関係者の手で建てられた世界最初のセツルメントハウスがトインビー・ホールである。アーノルド・トインビー（Toynbee Anold 1852～1883）は、若くしてセツルメント運動に身を投じ夭折した活動家であった。世界最初のセツルメントハウスにこのトインビーの名を冠したのである。

（註）トインビーは、ロンドンに生まれオックスフォード大学に学び、のち講師となり経済学を論じた。バーネットの勧めでセツルメント運動に投じ、労働者教育に努力し、社会改良に貢献した。

トインビー・ホールの活動に大きな感銘を受けアメリカにセツルメントハウスを造ったのがジェーン・アダムズ（Jane Addams 1860～1935）によるハル・ハウス（Hull House）であった。ハル・ハウスの活動は、①移民に対してその価値を尊重する体系的なプログラムをもった、②児童労働禁止、非行防止等児童福祉分野に力を入れた、③社会改良運動を推進した。

日本人で最初にセツルメントハウス活動を始めたのは片山潜（一八五九年～一九三三年）であった。片山は、一八五九（安政六）年岡山県南条郡羽出木村の農家に生まれ全生涯を労働者と人民の解放のためにささげた。一九三三（昭和八）年コミンテルンの執行委員としてモスクワで七四歳の生涯を閉じた。

片山は、一八九七（明治三〇）年東京神田・三崎町にセツルメントハウス・キングスレー館を設立した。キングスレー館の活動は、青年クラブ、幼稚園、社会問題講演、市民夜学校、西洋料理教室、英語教授、職工教育など多岐にわたった。

片山は、コミンテルンの一員として、アメリカに渡った際にジェーン・アダムズのハル・ハウスの活動に刺激され、キングスレー館を造ったと言われている。

また、賀川豊彦（一八八八年～一九六〇年）は神戸新川でセツルメント活動を起こした。また、彼は日本で最初に生活協同組合を作った業績も高く評価されている。

このようにセツルメント（ハウス）活動はイギリスのトインビー・ホールから始まり、アメリカのハル・ハウス、日本のキングスレー館と国境を越えて広まっていったのである。その活動の中でグループワーク（ソーシャルグループワーク）は生かされ発展していった。現在では、ＹＭＣＡでの青少年活動の場でその技法が使われ生かされている。

（ウ）コミュニティ・オーガニゼーション（community organization）

戦後まもなくアメリカから日本へ輸入されたソーシャルワークの三つ目がコミュニティ・オーガニゼーション（以下「ＣＯ」と称する）である。ＣＯは、地域組織化活動と訳され、一九五一年に発足した社会福祉協議会の活動理論として定着していった。では、この技術論はアメリカでどのように発展し、社会福祉技術として理論化されていったのかを概括してみる。

アメリカではロバート・ハートリー（Robert Hertly 1976～1881）による貧民生活状態改善協会（Association for Improving the Condition for the Poor）にその萌芽を見ることができる。このＡＩＣＰは、①ニューヨーク市を二二の地区と二二五の小地区に分け、小地区ごとに富裕階級の男性ボランティアである訪問員を配置、②訪問員が申請者のニーズについての調査と慈善機関の協力のもとに救援活動を行った、③訪問員は、物的な援助より「同情的、非批判的な態度」を通して人格的影響を及ぼしていく、④個々の家族の援助にとどまらず、一般的な生活条件の改善を図ることを目指したとされる。その後、ＣＯＳ運動、セツルメントハウス運動などの教訓を生かしながら、一九三九年の全米社会事業会議ＣＯ委員会が報告書をまとめた。その委員長がレイン（Lane R）であったので、レイン報告と呼ばれている。この報告は、ＣＯの基本的な体系をまとめた。報告書は、地域社会に存在するニーズと社会資源との調整を重視したもので、「ニーズ・資源調整説」とも呼ばれている。

そして近年、ＣＯ論をまとめたのがマレー・ロス（Ross Murray 1910～2000）である。ロスは、ＣＯの機能について、「地域社会が持っている自発性を促し、地域に生じる問題の解決に向けて住民を組織化し、住民が団結・協力して問題に働きかけていけるようにすること、つまり、住民主体の地域組織化活動を展開することにあるとした」（「」部分は、狭間香代子・社会福祉用語辞典・第六版・三七五頁より引用）。

日本にはいち早く、竹内愛二（一八九五年～一九八〇年）が、ケースワーク論、グループワーク論と併せて、ＣＯ論をも紹介した。また、黒木利克がウェルフェアーフロムUSA（Welfare from USA）の中でも若干紹介している。このようにＣＯ論は、一九四八年頃から日本への導入と研究が進み始めた。「社会福祉協議会（以下「社協」という）活動」（一九七〇年／全国社会福祉協議会）では、「昭和二四年（一九四九年）には、ＧＨＱ民事部の指導で秋田県では社協の原型となるものがつくられた。また、京都ではＣＯの理論に基づく教科書的な社協活動が展開された」ことを紹介している。

ソーシャルワークは、国境を越えて多くの国々に伝播していったことがよく分かる。その意味では、ソーシャルワークの国際化と言えよう。しかしこの現象をもってソーシャルワークのグローバル化と言えば、少し実情とはずれてくるように思えるが、いかがだろうか。

④　ＣＯからＣＷへ、さらにＣＳＷへ

（ア）CO論と社協活動

CO理論は、マレー・G・ロス、（Ross・G・Murray 1910～2000）のコミュニティ・オーガニゼーション論の紹介（岡村重夫）、竹内愛二、岡村重夫、雀部猛利などによりCO理論はさらに高められた。また、全国社会福祉協議会はCO論に基づく事例研究などを盛んにした（「住民主体の地域福祉活動」／一九七二／日本社会事業学校連盟／全国社会福祉協議会）。

事例研究に先立ち、一九六二（昭和三七）年全国社会福祉協議会（以下「全社協」という）は「住民主体」の原則を謳った「社協基本要項」を発表した。この基本要項は、CO理論を基調にしつつ日本の風土に創造的に適応させた社協論（「地域福祉論」ともいえる）であった。その後、日本の地域福祉は住民主体の実現を指向した社協活動を中心に発展を遂げた。

（イ）CO論からCW（Community work）論へ

社協は、CO理論と「社協基本要項」を応用しながら地域住民の生活ニーズを解決ないしは打開するための地域組織化活動、地域住民が安心して暮らせる地域環境の整備に向けた活動を主に展開してきたが、こうした運動体的な思考の見直しがなされるようになった。それは丁度、日本の社会福祉の見直し旋風が巻き起こった時期（一九七〇年代後半）と軸を同じくしていた。全社協は、社協活動の理論的主柱であった基本要項をひとまず横に置き、地域のマイノリティが抱える深刻な福祉問題への取り組み、すなわち、老老介護の問題、在宅障害者の問題、独り暮らし老人の食事・風呂の問題などに取り組む方向を強く打ち出すようになった。これが日本における全国規模での在宅福祉サービスの始まりであった。

この動きは、イギリスのシーボーム（Seebohm. F）報告の影響を強く受けているのではないかと推測される。シーボーム報告は一九六八年、イギリスの社会福祉改革を目指して、フレデリック・シーボーム卿を委員長とする「地方当局並びに関連対人社会サービス委員会」の報告書である。その中心的課題は、堅実かつ有効な家族サービスに向けた改革であった。結果、コミュニティを基盤とした家族指向のサービスを提供する「地方自治体社会サービス部の設置」「ジェネリックソーシャルワーカーの配置」「住民参加の促進」の方向を打ち出した。

このシーボーム報告を受けて、一九七〇年に地方当局ソーシャルサービス法が制定された。地方自治体でバラバラに行われていたサービスを単一の部局のもとに統合して拡充させる趣旨のものであった。同時に、クライエントのニーズに基づいて総合的・横断的に提供されるべきとする方向を明記した。

シーボーム報告を受けた地方当局ソーシャルサービス法の背景には、一九六〇年代から社会福祉政策の中心をなしていたコミュニティケア政策があった。この政策は、単に在宅保健福祉サービスの提供にとどまらず、長期にわたって病院に入院していた精神障害者や知的障害者に対して地域での自立した生活を保障していくために、これらの人々に適した集合住宅の整備などを含めた総合的な政策であった。この政策の成果を土台に一九九〇年、「国民保健サービス及びコミュニティケア法」（National health service and community care Act）が成立した。その主要な内容は、

①　地方自治体に対するコミュニティケア計画策定の義務付け

（註）これが日本の社会福祉法第一〇七条に規定される市町村地域福祉計画につながるのではないか。

②　地方自治体による総合的なニーズアセスメントとケアマネージメントの実施

③　サービス供給における民間部門の最大限の活用

④　入所施設に対する監査の仕組みの改善

⑤　苦情処理手続きの導入

⑥　施設ケア財源の国から自治体への移管などである。

こうしたイギリスの動きに大いに刺激されたのが日本の厚生省であり、研究者であった。日本の社会福祉見直し政策のもとで、ソーシャルアクション機能などを持つCO理論から、地域のマイノリティが抱える深刻な生活問題を主に捉えていこうとするコミュニティワーク論、さらには、コミュニティ・ソーシャルワーク論へと主論理が変化させられていくのである。

厚生省が、二〇〇五（平成九）年から作業にかかった社会福祉の基礎構造改革の全体像は、「個人の自立を基本とする」「質の高いサービスの提供」「地域福祉の充実」を柱とし、その具体的内容は「サービス提供が措置から契約の仕組み」へと大きく変わることを前提に利用者保護を前面に押し出した。すなわち、地域福祉権利擁護事業、苦情解決の仕組み、利用計画についての説明・書面交付の義務付け、サービスの質の向上、事業の透明性の確保などである。そして、社会福祉事業の活性化を図るため、社会福祉事業の範囲の拡大、多様な事業主体の参入促進などを進めるとした。

特に、地域福祉については、基礎構造改革の集約ともいえる新たな社会福祉法（二〇〇〇（平成一二）年）で初めて規定した。注目すべきは、社会福祉法第一〇七条で（市町村は）市町村地域福祉計画を策定することを規定していることである。こうした一連の動きは、一九九〇年のイギリスのコミュニティケア法なども大いに参考にしたものと推測される。

COからCWへの流れは、COがその機能の中にソーシャル・アクションや環境改善運動などの組織化された住民による社会福祉増進運動的な側面を強く持っていたことに対して、CWは地域で問題を抱えた住民、高齢者、障害者、自立困難者などマイノリティの地域ケアにも軸足を置くものである。

CSW（Community Social Work）になるとその主流は地域ケアになっていく。CSWの根源は一九八二年のバークレイ（Barclay P）報告である。この報告書は新しいCSWという概念を打ち出した。それは、「個人あるいは家族の社会的ケアニーズに応え、利用者を支える親族、近隣、ボランティア等のインフォーマルなネットワークを重視し利用者を支援する」方法に重きを置いた。

バークレイ報告を結果的に補完したのがグリフィス（Griffiths）報告であった。この報告では、コミュニティケアの目的は施設や病院ではなく、在宅においてケアすることであるとし、クライエントのケアに当たる家族や近隣住民にも援助が必要である。それらのケアを総合的に推進するためには地域の社会資源を有効に活用する方途の確立が求められるとした。

日本では、ＣＯからＣＷへ、さらにＣＳＷへと理論の主流は変遷していくが、これは必ずしも理念や手法の発展段階として捉えるべきではないと考える。極論すれば、この変遷の中で地域福祉にとってＣＯの最も大切な理念、機能が失われていったと言えなくもないからである。

⑤　グローバル化論批判のまとめとして

・日本の社会福祉政策、ソーシャルワークはその多くが、イギリス、アメリカなどの先行研究からの模倣ないしは創造的に日本の風土に適合させながら取り入れたものである。この流れを「社会福祉のグローバル化」という表現でそれらの源流を結果的に曖昧にすることはよくないと考える。

・社会福祉についてみれば、「先進国から日本へ」という流れが強かったが、反面、「日本から海外へ」の流れは細く弱い。この状況から判断すれば、社会福祉は「国家間交流」の域を脱しているとは言えないし、国際化という面の状態にも達していないと思える。

・社会福祉がグローバル化していくためには、国家間の国民生活の平準化、富の分配の合理的なシステム化、民主主義基盤の平等化、平和国家志向の強さなどの共通的社会基盤があることなどが前提になるのではなかろうか。

・社会福祉の国家間交流を「点」から「面」へ、さらに、「平板」から「立体」へ拡大進化させる多様な試みが求められていると思う。

（二）社会福祉のローカリズムの陥穽

社会福祉のローカリズム（localism）とは何かを最初に提起しておきたい。ここでいう社会福祉のローカリズムとは、社会福祉の地方主体化のことである。さらに、地方とは何かを見る場合、小地域（集落、町内会、自治会、小学校区）から市町村、さらには、都道府県域までを意味する。

さてこの本項で、社会福祉のローカリズムを論じるとき、小地域と市町村に焦点を当ててみたい。

地域的な視点で見ると、貧困者を相互扶助させたり、その自立を促す試みはかなり古くから政策的に地方に押し付けられてきたし、地方の役割として定着していった。イギリスのエリザベス救貧法、アメリカの貧民院運動、ＣＯＳ運動、セツルメント活動、日本の五人組制度、恤救規則などに為政者の考え（思想）をみることができる。

近世では、済世顧問制度が一つの典型である。地域を細かく分割し、それぞれの地域に男性の篤志家を配して生活困窮者や自立困難者の更生に当たらせる、という制度は岡山県の笠井信一知事（当時は、内務省の「地方長官」）のもとで発足した。今日の民生委員制度の源流をなすものである。

もともと小地域は、住民の生活の実態が把握でき、その実態に対応しやすい生活範囲である。それは今も昔も変わることがない論理である。しかし、この論理それ自体は一般論としては正しいと言えるが、実体論として時代とともに大きく変化してきていると言えよう。

戦後、ＧＨＱの指導の下で発足した共同募金運動もコミュニティ・チェスト（Community chest）と称し、社会福祉募金（Money raising for Social welfare）とは言わなかった。実は、その後、一九五一（昭和二六）年に発足する社会福祉協議会（以下「社協」という）と対で捉えられていたのではないかと推測されるからである。

社協は、新しい理念を持ちながら、実際は戦前の旧社会事業団体再編の形をもって組織化された経緯がある。いわば、新しい酒袋に古い酒を入れたようなものである。しかし、社協も一〇年近く経つと新しい理念、コミュニティ・オーガニゼーションの理念を創造的に日本社会に適応させながら一九六二（昭和三七）年に社会福祉協議会**基本要項**を策定・発表するに至る。この基本要項は、**住民主体の原則**を謳い、一定の地域社会において、住民の福祉を増進することを目的とする民間の自主的な組織であるとその性格を明確にし、調査、集団討議、および広報等の方法により、**地域の福祉にかける状態**を克服ないしは緩和するための活動を推進することを機能としている。そして、**組織の基本単位を市区町村に置く**とした。実際の活動は小地域（概ね小学校区）を重視して展開され、現在まで継続している。

社協が地域を土台に活動を推進し、地域の福祉問題を顕在化させ、地域福祉計画を立て、住民が主体となって活動を進め、さらには、地域住民の個別のニーズにも目を向け、サービスを準備し提供し始めたことが、日本の在宅福祉の嚆矢になったことは周知の事実である。

こうした経過を見ると、日本における地域福祉は社協の設立と併せて地域を基盤に推進されてきた。社協の設立は一九五一（昭和二六）年一月、財団法人中央社会福祉協議会（現在の「社会福祉法人全国社会福祉協議会」、財団法人から社会福祉法人へ転換したのが昭和二七年五月）が設立され、中央社協の発足に合わせて順次、都道府県社協が設立され、一九五一（昭和二六）年六月の中央社協第一回評議員会には、青森、茨城、長野、和歌山、広島、福岡の六県を除く都道府県社協から代表が出席した（全国社会福祉協議会九〇年通史）。

一方、厚生省は一九五二（昭和二七）年五月、社会局長名で都道府県知事に「**小地域社会福祉協議会の整備について**」の通知を出し、社協活動を側面から援助指導するよう促した。その結果、全社協調査によると、一九五三（昭和二八）年七月一日時点で、郡社協の結成数は四四三（結成率九〇・四パーセント）、市社協は二五〇（結成率八八・三パーセント)、町村社協は六九三二(七五・五パーセント)となっていた。
中央社協は、その結成当時から『社会福祉協議会資料集』を刊行しているが、その中から注目すべきものを見てみると、
第二集「社会調査について:社協は地域社会の問題をどうして掴むか」一九五一(昭和二六)年九月
第四集「我々の町や村にはどんな問題があるか」一九五一(昭和二六)年九月
第一一集「社協活動における地域調査の仕方」一九五三(昭和二八)年八月
第一三集「社協活動におけるソーシャル・アクションについて」一九五三(昭和二八)年八月
第一八集「社会福祉のためのコミュニティ・オーガニゼーション」一九五五(昭和三〇)年一月
などであった。このように、社協は活動の基盤を小地域(旧町村)郡市区町村に置きながら住民の生活・福祉上の諸問題を調査で明らかにし、住民の組織力でその解決のための活動を展開してきたと言えよう。
では、今日、社会福祉の地域主体(ローカリズム)論が強調される意図は、社協が地域を基盤にしながら活動を進めてきた趣旨とはまったく異なることを明らかにしなければならない。それは、先に論述した新自由主義思想、新道徳主義思想をバックボーンにした政策意図から出されている「福祉の地方化」政策に他ならないからである。

政策的な「福祉の地方化」論の出現

今日の福祉の地方化論(地方主体化論)はどのように出現してきたか、考察したみたい。

① 福祉関係三審議会合同企画分科会の意見具申

中央社会福祉審議会企画分科会、身体障害者福祉審議会企画分科会、中央児童福祉審議会企画部会は、合同で**一九八九(平成元)年三月に厚生大臣に対して「今後の社会福祉の在り方について」**意見具申を行った。
(ア)前段で、社会福祉の今後の在り方について検討する前提は、社会福祉を取り巻く環境の急激な変化をあげて

いる。すなわち、急激な高齢化の進行、技術革新と情報化の急速な展開、国際化の進展などにより国民の生活を取り巻く環境は大きく変化してきているとし、とりわけ、高齢化の進展により人生八〇年時代を迎えた。他方、地域社会が旧来もっていた福祉的機能が脆弱化した。

（イ）社会福祉の新たな展開を図るための基本的考え方として、

・**市町村の役割重視**
・在宅福祉の充実
・民間福祉サービスの健全育成
・福祉・医療・保健の総合化
・福祉人材の養成確保
・サービスの総合化・効率化

の六点をあげている。

最初の「市町村の役割重視」については、専門性、広域性、効率性等の観点について十分配慮しつつ、としながら、なぜ市町村重視かについては**「住民に最も密着した基礎的地方公共団体である市町村をその主体とすることが適当である」**としている。

②　二一世紀福祉ビジョン報告（一九九四（平成六）年）

厚生大臣は、私的な懇談会「高齢社会福祉ビジョン」懇談会を発足させ、その報告が標題の報告である。その中の「今後の社会保障の姿」として描いている中で、**「自助・共助・公助の重層的な地域福祉システムの構築」**の項があり、「地域を基盤とし、個人や家庭、地域組織・非営利団体、企業、国、地方公共団体などがおのおのの役割を果たす総合的な保健医療福祉システムを確立していくことが必要である」とし、地域（この場合は「市町村」）

を基盤として、個人・家庭、地域組織、非営利団体、企業、市町村、国を同列に置いている。

前述の①ならびに②の中に流れる思想は、このように、地方（市町村）重視については、社会保障や社会福祉における国の役割を後退させ、そのツケを市町村に転嫁させるという政策的意図が明確である。ただ、①で触れたように「住民に最も密着した市町村が福祉に責任を負う主体」とする論理は「机上の論理」としては的を射ている。しかし、市町村の現実は住民の多様な福祉ニーズに対応できるだけの条件を備えているかというと「否」と言わざるを得ない。その論拠を探ってみる。

地方創世会議の提言

有識者らでつくる政策発信組織「日本創世会議」の人口減少問題検討分科会（座長：増田寛也元総務相）は次のような警鐘を鳴らしている。

① 二〇四〇年に若年女性の流出により全国の八九六市区町村が「消滅」の危機に直面する。また、二〇一〇年と比較して若年女性が半分以下に減る自治体「消滅可能性都市」は全国の四九・八パーセントにあたる八九六市区町村に上がった。このうち五二三市町村は二〇四〇年に人口が一万人を切る。

② 消滅可能都市は、北海道や東北地方の山間部などに集中している。ただ、大阪の西成区（減少率五五・三パーセント）、大正区（同五四・三パーセント）、東京都豊島区（同五〇・八パーセント）のように大都市部にも分布している。

③ 都道府県別でみると、消滅可能都市の割合が最も高かったのは九六・〇パーセントの秋田県、次いで八七・五パーセントの青森県、八四・二パーセントの島根県、八一・八パーセントの岩手県の割合が高く、東北地方に目立っていた。和歌山県（七六・七パーセント）、徳島県（七〇・八パーセント）、鹿児島県（六九・八パーセント）など近畿以西にも割合の高い県が集中していたと報じている。

さらに、高知大学名誉教授の大野晃氏は、六五歳以上の高齢者が五〇パーセントを超え、冠婚葬祭、田役、道役などの社会的共同生活の維持が困難な集落四二二が一〇年以内に消滅するであろう。徳島県では、過疎市町村の集落の二五パーセントが限界集落である。秋田県では、市町村合併が集落間格差を拡大させていると指摘し、棚田が放棄地になるなど格差社会の象徴であると論じている。

武蔵工業大学の青山貞一環境情報学部教授は、市町村財政のうちの公債費比率を調査している。二〇〇六年度で公債費比率が高いのは北海道・歌志内市（四〇・六パーセント）、夕張市（三八・一パーセント）、兵庫県香美町（二八・八パーセント）である。

全国市町村の平均実質公債費比率は一五・一パーセントと前年の一四・八パーセントに比して〇・三パーセント悪化していると指摘する。

こうした状況を踏まえて強調しておきたいことは、

① 地方の疲弊が著しいことである。その地方に多くの高齢者が生活し、限りある僅かな「支援」に甘んじている現実があること。

② 社会福祉実施責任の主体が市町村に移行されたことで、豊かな市町村の住民は豊かで多様な福祉・医療・保健のサービスを受けることができ、財政力の弱い市町村に住む住民は限られた「お仕着せ」のサービスで我慢せざるを得ないのが実情である。

③ 過疎地、なかんずく、限界集落では住民の相互扶助さえままならない現状がある。日常生活での「足」の問題、降雪地であれば屋根の雪かきの問題、医療機関・福祉サービス機関が身近にないこと、在宅支援の手も届きにくいことなど枚挙にいとまがない。

（例）筆者が、数年前（平成一三年ごろ）、宮崎県の大学に在職していたころ、当時の北方町（現・延岡市北方町）の山奥のある集落を訪ねたことがある。その集落で老老介護の実態を見た。寝たきりの夫を介護する老妻は、「一度すすめられてデイサービスに行ったことがある。デイサービスの場所まで片道一時間半、往復三時間もかかった。デイサービスに行ったのち夫の体調は悪くなった。その後、ヘルパーさんに来てもらったがこれも片道一時間半、ヘルパーさんのバイクでの行き来に気を遣うだけで疲れるので、これも断った」と言っておられた。

介護保険制度導入の理念は、こうした過疎地には無縁の「理念」だと痛感したことを思い出す。

④　平成の市町村合併の影響は、過疎地域では福祉・医療・保健などのサービス拠点がその市町村の中心地域に集中し、辺鄙な集落の住民は以前よりもサービス受給に困難をきたしていること。

⑤　市町村には、その地域の福祉を支援しコーディネイトする専門家が決定的に不足している。

結局、「住民に最も密着した市町村を福祉の主体とすることは望ましい」という論理は、標準的な市町村にはなじむ論理かもしれないが、日本に多く存在し、現に多くの高齢者や障害者が生活している過疎地、財政力の乏しい市町村ではなじまない論理である。

でも、過疎地では涙ぐましい挑戦がある

前述の政策的な「福祉の地方化」論の出現の見出しでは、福祉の地方主体化が一つの論理では貫けないことを述べてきたが、そんな過疎地でも、暮らしやすい地域を目指して涙ぐましい挑戦がなされているところがあり、その一つを紹介してみたい。ここに紹介するのは、全国的に見てもごくまれなケースである。こうした事例は全国的に見ても「点」の存在であり、この「点」が「面」に広がる条件は非常に厳しいことを念頭に置いておくことが必要である。

【NPO法人「ひろしまね」の事例】

ここに紹介する内容は「日本生命財団助成事業」に指定を受け、二〇一〇（平成二二）年に、第二四回ニッセイ財

団シンポジュームにおいて発表されたものである。

①　対象地域

広島県三次市作木町下地区を構成する四集落。高齢化率は五四・八パーセント、一〇年後の高齢化率は七〇パーセント、一〇世帯未満の「危機的集落」になることが予測されている。

高齢者の世帯状況は、独居高齢者と高齢者夫婦が半数ずつ、三分の一以上が八〇～八四歳。

②　生活状況（アンケート調査から）

・**子どもとの関係**：子どもに頼らないとする世帯が二〇パーセントにおよび、子どもに迷惑をかけたくないという思いが強い。

・**生活状況**：「とても住みやすい」と「まあまあ住みやすい」を合わせると八割の人が良い評価を与えている。しかしこれは「ここしかない」という気持ちの表れとも推測される。「住みにくい」とした人の半数以上は「このままここに住む」と決意している。この人たちへの支援が最も急がれる、としている。

・**生活支援への要望**：除雪、草刈、家周りの整備を含めた家屋の修理、足の確保等に最も困っている。支援要望で高くなっているのが、「安否確認」「共同作業への出扶（地域環境を維持するための役務）」「食事の宅配」の三項目であった。

③　実施結果と課題

・**健康教室**：延べ三百数十名の参加者、課題は、経費が掛かる，メニューが単一化する、健康チェックをしていない、送迎が困難などがあげられる。

・**配食サービス**：毎月第四火曜日に実施。利用者は一年目延べ九二五名、二年目は延べ八五三名が利用。冬場は地元で調達可能な野菜が少なくコスト高となる。最大の課題は、配送する人の確保。

・**草刈、家・庭・墓の管理、病院等への送迎**：草刈、畑の耕耘、庭の手入れ、押し入れ整理、雨どい修理、庭木の剪定、病院・家族宅への送迎等を延べ五六回実施、継続できるか否かは低すぎる作業単価が課題。

・**安否確認**：生活支援の中で特に緊急を要する独居高齢者の安否確認のために、WEBカメラを利用して安否状況を他出している家族のパソコンや携帯電話へ自動配信し、家族の依頼を受けて病院や警察等へ緊急対応するシステムを構築。現時点での利用者は七名。プライバシーの確保が課題。

・**引き籠り防止**：逆デイサービスを三回、逆ショートステイを二回実施。また相互の親睦を図るとともに潜在化している支援ニーズを引き出すことを目的に「お出かけツアー」を毎月第四金曜日に実施。一年目延べ九一名、二年目延べ一二〇名が参加。聞き取り調査で特に必要と思えた人の参加が少ないことが課題。

・**高齢者輝き事業、地域資源活用事業、異世代交流事業**：グリーンツーリズムの一環として、田植え体験交流事業を実施。主に、田植え作業を指導。「子供農山漁村交流プロジェクト」において体験指導者として小学生四八名にサツマイモの植え付け、野菜の収穫・調理、魚とり、川遊び等を指導。ブッポウソウ（鳥）の保護活動、地域美化活動に二一名が参加。広島市内の小学生を対象とした川と遊ぶイベントにおいて水鉄砲の製作を指導。カカシづくり、門松づくり、自然観察会を実施、三五名が参加。漬物、梅ジャム、豆腐を試作・販売。さらに小遣い稼ぎができる場の創設が課題としている。

こうした活動を通して、その後、この活動の影響は周辺の自治体や地域に及んでいる。対象地域の作木町では、この事業を引き継ぐ形でNPO法人「元気村　さくぎ」が立ち上がった。地域マネージャーとして「地域支援員」も配置された。そして、隣接する安芸高田市では、救急処置や介護の基本を身に付け、地域の高齢者や障害者を見守る活動の担い手を育成する「市民総ヘルパー」構想が発表され、買い物や病院等への通院のために「予約乗合ワゴン（お太助バス）」が運行されるようになった。庄原市西城町では、第三セクターの商業施設が食料品や日用品を出張販売しながら見守り活動を行う移動販売車を運行するようになった。

このように地域の有志により結成されたＮＰＯ法人「ひろしまね」の活動は周辺地域に徐々に広がりつつあり、関係自治体もこの広がりを積極的に応援している。

ここに見る事例は、過疎地の困難な条件の中で地域の「活性化」に取り組む数少ない事例の一つである。これらの数少ない事例をもって、地方と民がかみ合った地域福祉の構築は、日本のどこでも可能であるとする論理は危険である。全体としていえることは、日本の地方は重篤な危機に陥っていること、この重篤の容体は、国・地方をあげた喫緊の救済策が施されなければならないことを物語っている。

社会福祉の地域主体化（社会福祉のローカリズム）は一般論として有意な論理であるが、そこに留めてはならない。政策的な「地域主体化」は、実は、国民がその住む地域によって享受する福祉的、医療的、保健的サービスに格段の格差が生まれてきていることである。これは上記サービスの質量の問題にとどまらず、文化・芸術、教育、治安、災害防止など多岐にわたっている。私たちは、住民の安全、安心、そして暮らしの充実が脅かされている事実と向き合わなければならない。

地方主体化と併せて、サービス主体の「公」から「民」への比重の移行は、根本的な基礎部分で破綻をきたしつつあるのではないか。なぜなら、地方の「公」は人材的にも財政的にも疲弊しつつあり、そうした状況下での「民」への依存は大きな限界に直面している。特に、「民」は不採算領域にはよほどのことがない限り踏み込まないからである。こうしたことを国も地方も福祉関係者も素直に認識すべきである。

国は、「地方創生大臣」を任命し地域の再生に力を入れようとしているが、国民の生活安寧を目指す福祉関係者として、積極的な政策提言が望まれる。

三．パターナリズムとエンパワーメント批判

パターナリズム（paternalism）について杉本敏夫は、弱者保護と訳すことが適切である、としている（『看護・介護・福祉の百科事典』より）。つまり、パターナリズムを目指す福祉は、対象者を「弱者」と決めつけてしまうことが特徴である。したがって、「弱者」は保護されることで社会に依存して生活することになり、自立からは遠ざかる。弱者に対する福祉の対応は上から下への家父長的なものになると理解されている。

（註）さて、ここで「保護」は社会福祉から無縁になったのかというと、誰もが「決してそうではない」と答えるだろう。杉本の言う「パターナリズムが目指す『福祉』は対象者を『弱者』と決めつけてしまうことが特徴である」と明言しているが、ここで大きな錯誤は、パターナリズムという視点が先にあって、その視点から相手を観ていることである。ソーシャルワーカーの視点は、相手の状態を多面的に観察し、その状態に応じて支援をするのであり、その支援の中には「保護」しなければならない要因を強く持っている相手もいるということである。

次に「自立」と「依存」の関係である。人は誰でも「他者に依存しながら自立」していることである。「自立」は決して独立独歩で成り立っているものではない。共生社会やコミュニティも、そこに暮らす人々が相互に依存しながら自立して生活しているのである。依存は上下関係ではなく相互関係（横の関係）である。

ソーシャルワークの出発点は、先に、多種類の「色眼鏡」があり、その色眼鏡をかけて相手を推し量ったり、社会事象を観察するのではなく、自らの目でありのままの姿を捉えることが出発点になるのである。

ここで筆者は、パターナリズムを今日の理解のままで「是」とするために論じているのではなく、実態を見る目を誤ってはならないと言いたいのである。

もう一つの例をあげてみる。筆者が務めていた大学の同じ学部に心理学を教えるA先生がいた。就職が差し迫ったあると

き、他の先生のゼミ生Bが私を訪ねてきた。その用件は、「私には、どの先生からも、ちっとも就職先を紹介してもらえない、どうしてでしょうか」というものであった。そこで思い当たったのが、A先生が、それとはなしに、「Bはアスペルガーだからな」と言っていたことであった。筆者は、彼女の希望を聞き、ある社会福祉施設を紹介した。彼女はその施設の生活指導員となり、サイドワークでH県の社会福祉士会の事務を手伝い、研修の企画を立てるなど活躍している。そもそも、アスペルガー症候群という状態らしきものがA先生には見えたのかもしれないが、その固定観念（色眼鏡）でBを見てきたことは問題だったのではないかと思っている。

パターナリズムに対する考えとしてエンパワーメント（empowerment）という考えが打ち出された。このエンパワーメントという言葉は社会福祉分野で使われる（一九八〇年代の終わりころから使われるようになった）以前から、アメリカなどでは使われていた。例えば、社会的弱者と言われる黒人や女性、障害者や高齢者が一般の人たちと平等な立場で生活していけるよう、「生きる力」を身につけさせるための「政治的な活動の方向性」として、この言葉が使われていた。

このエンパワーメントの裏打ちとなる思想の歴史は古い。アメリカのルーズベルト大統領の側近であったH・ホプキンス（Harry Lloyd Hopkins: 1890 ~ 1946）は「施しを与えれば、彼の肉体は救うが精神を滅ぼしてしまう。彼に仕事を与えきちんとした賃金を支払えば、肉体だけでなく精神も救うことになる」と言明した。アメリカでは、一九三〇年代、ソーシャルワーカーが急増した。それは彼らの活動が国家機構の一端を担わされていたからといえる。すなわち、経済的・知的・道徳的に自立できない人々、社会の急激な変化の時期に常に依存状態になる多くの人々を経済的・社会的環境へ適合させる役割を担ったからであった。

ここでちょっと第二次世界大戦後のアメリカ歴代大統領の中から福祉政策の特徴を見てみると、

ルーズベルト大統領：「貧困と救済は純粋に経済的な問題であり、それゆえに『現金の供与＝扶助を受ける権利』がたいせつである」とした。しかし、その財源は一般歳入から支出せず、社会保障税で賄う原理を貫徹させた。

アイゼンハワー大統領：一九五〇年「恒久的な全障害者への扶助」を打ち出すが、一九五四年「職業リハビリ法」を制定し、障害者へはリハビリを固有の接近方法とした。

ケネディ大統領：「経済繁栄をした今日、貧困に単に『救済の小切手』で対応することは永続的な解決にならない」とした。そして「貧困者を扶助から離れさせて、生産的な役割に戻す」と、その理念を宣言した。

ニクソン大統領：一九六七年の連邦議会は社会保障法を修正し、ＡＦＤＣ（要扶養児童家庭援助）の受給者数を凍結し、就労への動機づけプログラムを設け就労要件を課することによって福祉への規制を強化した。

エンパワーメントの思想的背景はアメリカの統治政策の思想でもある。自立・自助は、したがって、アメリカ国民の信条とまで言えるほどアメリカ社会の中に浸透してきている。エンパワーメントの思想は、保護や援護が必要な人々をむやみに就労・自立に追いやる危険性がある。実は、パターナリズムは、前世紀の遺物であり、この思想は廃棄すべきであり、エンパワーメントの思想こそが今日的なものであるとする、現代思想（理念）崇拝主義者になってはならない。ソーシャルワーカーは、社会・政治の動向を鋭く見抜き、クライエントのニーズを深く読み、クライエント第一主義の考えに立たなければならないのではないかと強く思う。

四．ソーシャルインクルージングの条件

ソーシャルインクルージョンは一九九〇年代以降の新しい政策理念である。社会福祉における施設福祉の根本にある理念はソーシャルエクスクルージョン（社会的排除）であった。この社会的排除の理念は今日に至っても国民の中に根強く生き続けている。例えば、筆者がかつて理事長を務めた障害者支援施設は、建設計画から実際の建設に至るまでにかなりの時間を要した。

その主要な理由は、建設予定地域の住民の合意が得られなかったからである。

いわく、「障害者施設をつくられると地域の安寧が脅かされる」「障害者施設が来ると地価が安くなる」。また、極端な言辞としては「山奥に作ればよい」など、まさに、障害者を一般社会から排除する発言に押しまくられ、施設建設予定地を一一回も変えざるを得なかった経験がある。しかも、その地域は「福祉都市」を宣言している市においてであった。それは昔のことではなくごく最近のことである。

（一）ソーシャルインクルージョンの理念と目標

ソーシャルインクルージョンは、エクスクルージョンに対して打ち出された社会的包摂の考えである。ソーシャルインクルージョンは、ノーマライゼーション理念や共生理念と同じ根っこの考えと理解して差し支えないであろう。すなわち、社会的援護が十分に届いていない人々、いわば、社会的に孤立、疎外、排除されやすい人々（マイノリティ）を社会の構成員として包み込み、誰もが共に生きる社会、誰もが普通に生活できる社会の創造を目指した考えである。

このマイノリティ問題のほかにも、近年では、ニート、アルコール依存症者、ホームレス、薬物中毒者、自殺者、孤独死、多重債務による新たな貧困者、ＤＶ、外国人定住者など地域社会になじみにくい、また、新たな問題を抱えた人たちが存在する。当然、これらの人々も社会的に包摂していかなければならないという大きな課題を背負っていることになる。

（二）ソーシャルインクルージョンへの接近

従来の地域福祉は、どちらかといえばマジョリティを対象に進めてきたきらいがあった。例えば、一九六二（昭和三七）年に策定された「社協基本要項」では、「地域の福祉に欠ける」状態を克服ないしは緩和するために、住民の主体的な組織化活動を進めることを狙った。その「福祉に欠ける状態」は、どちらかというと、マジョリティを対象としたものであり、在宅障害者や社会的孤立者、老老介護の夫婦などのマイノリティへは目が向けられていなかったきらいがあった。その視点が弱いと、あるいは、そこに関心が向けられないと、このマイノリティ問題は結果的に見過ごされてしまうことになる。その反省から社協は一九七九（昭和五四）年ころからマイノリティ問題に目を向け、彼らの支援策として在宅福祉サービスを始めたという経過がある。

都市部では、地域で長年生活していながら、その困窮さが近隣住民に理解されないまま、結果的に孤立状態にあるケースが多く見られた。農村部では、男性の独り暮らし高齢者が田畑の見回り中に倒れ、病院に救急搬送されるケースがあった。倒れた原因は栄養失調であった。何日分かのソーメンを茹で、冷蔵庫に保管して、毎食そのソーメンを食べていた結果と判明した。このように地域の生活者同士がお互いにその暮らしを理解していないことが判明した。

また、一九九五（平成七）年一月に発生した阪神淡路大震災では外国人家族が救急救援から取り残された状態があちらこちらで判明した。彼らは日本人社会の中で生活しながら、ほとんど地域とのコミュニケーションがとられていなかったことが分かった。

このような身近な例に加え、前述の、心身の障害・不安、社会的排除や摩擦、社会的孤立や孤独といった問題を抱えた人々を地域社会が迎え入れ、包み込み、彼らを社会の構成員のとして受け入れる意思と条件を備えているのか、改めて問われる問題である。

特に、地域社会が彼らを迎え入れ包摂していく「意思」とは何かを考えてみたい。

(三) ソーシャルインクルージングの思想は、他の思想を統合化したもの

ソーシャルインクルージングを支える思想は、ノーマライゼーションや共生の思想を統合化したものである。

ノーマライゼーションは、もともとはベンクト・ニーリエ（Nierje.B）やバンクミケルセン（Bank Mikkelsen）らによって打ち出された理念（思想）であり、その根底には「ある社会から構成員のいくらかの人々を締め出す場合、それは弱くてもろい社会である」という思想に裏打ちされている。

（註）ベンクト・ニーリエは、ノーマライゼーションの考え方を次のようにまとめている。すなわち、

① ノーマルな一日を体験する権利（朝起きて着替えをする、食事を摂る、散歩をする）
② ノーマルな一週間を体験する権利
③ 一年間のリズムを体験する権利（国家行事や宗教行事に参加でき、スポーツやイベントや夏休みの旅行が楽しめる）
④ 子どもが大人になっていくというノーマルなライフサイクルを体験する権利
⑤ 自己決定と個人としてのノーマルに尊厳を受ける権利
⑥ その人の住む社会の文化習慣に則ってノーマルな性生活をする権利
⑦ その国におけるノーマルな経済的生活水準を得る権利

また、ノーマライゼーションを具体的に展開していくための原則の一つにソーシャルインテグレーション（social integration）がある。「統合化とは、障害を持っている人々と健常者を分離するのではなく、あらゆる機会を通して、相互に学び、働き、生活できるよう可能性を追求する過程である。インテグレーションが展開されるレベルには三つあり、①ライフサイクルにおける教育・労働・医療・住宅などの統合、②生活圏域におけるネットワーク化、統合、③行政の諸機能の統合が挙げられる」（二〇一三／『ソーシャルワーク基本用語辞典』／川島書店）と説明している。

共生社会の思想は、「私たちの地域社会が、民族、人種、障害、ジェンダー、年代などの属性が異なる人々から構成されていることを前提に、その相違ゆえの葛藤と対立を繰り返しながらも、相互尊重しつつ共存、連携を果たそうとする理念」（二〇一三／『ソーシャルワーク基本用語辞典』／川島書店）と説明されている。いわば、排除社会に対する理念と言えよう。

ソーシャルインクルージングの思想は、ノーマライゼーションの思想、共生の思想をたがいに生かしつつ、それらを統合化した思想に裏打ちされていると言えよう。

現実には、ソーシャルインクルージングの理念は、それの実現を目指すべき地域社会にほとんど浸透していない。では、これらの思想が根付く地域社会を実現させるにはどうすればよいか、いくつかの提言をしてみたい。

一つには、義務教育の中で、社会福祉の考え・理念を分かりやすく教育することである。この教育は、実地を踏まえた教育が効果的と思える。かつて、兵庫県のW町で、小学校の四年生の夏休みに障害児施設に二泊三日の泊り込み生活体験を実施したことがある。学童たちは最初、「涎を垂らして汚い」「食事のとき、食べ物をこぼして不潔」など否定的な感想が強かったが、一緒に寝起きする中で、彼ら障害児の必死の生きざまに心を打たれる学童が増えてきた。帰りには互いに抱き合って別れを惜しんでいたという報告を感動して聞いた覚えがある。

二つには、地域の子ども会活動やクラブ活動のプログラムに障害児施設の訪問や独り暮らし高齢者宅の草取りや雪かきなどの体験をさせることで、独り暮らし高齢者の生活の実態により接近することができるのではないかと考える。

三つには、ノーマライゼーション、共生の思想をその派生した歴史を辿り、深く読み解き理解することである。これは特に、研究者や社会福祉を学ぶ学生に訴えたい。

四つには、これら社会福祉に有効に作用させなければならないと思われる思想は評論するものではなく、実際の場面でその思想を生かし蘇らせる努力と適用のスキルを磨かなければならないのではないか。

最後に、「思想は生き物である」ので、社会福祉に有用な思想は実地を通してより一層高め、有害な思想には、厳しい批判と反論を果敢に加えなければならないだろう。この場合の判断は、一般民衆の生活の安寧と人格の尊厳を保持するものか否かで決まるのではなかろうかと思慮する。

引用文献

石崎嘉彦・大田義器・三浦隆宏・ほか（二〇〇八）『グローバル世界と倫理』ナカニシヤ出版
中野剛志・柴山桂大・施光恒（二〇一三）『まともな日本再生会議』アスペクト
NHK取材班（二〇一三）『生活保護三兆円の衝撃』宝島社
山縣文治・柏女霊峰編集委員代表（二〇〇七）『社会福祉用語辞典／第六版』ミネルヴァ書房
日本ソーシャルワーク学会編（二〇一三）『ソーシャルワーク基本用語辞典』川島書店
糸川嘉則・西尾祐吾・成清美治・ほか編（二〇一五）『看護・介護・福祉の百科事典（普及版）』朝倉書店

※引用箇所は文中に表示

参考文献

H・Bトレッカー著・永井三郎訳（一九七八）『ソーシャルグループワーク：原理と実際』日本YMCA同盟出版
日本社会事業学校連盟編（一九七二）『住民主体の地域福祉活動』全国社会福祉協議会
全国社会福祉協議会・牧賢一ほか（一九七〇）『住民福祉のための社会福祉協議会活動』全国社会福祉協議会
高島進（一九九五）『社会福祉の歴史』ミネルヴァ書房
吉田久一（一九九八）『日本社会事業の歴史／全訂版』勁草書房
仲村優一（二〇〇三）『社会福祉の方法／ケースワーク論』旬報社
地域福祉の歩みⅢ編集委員会（二〇〇一）『地域福祉の歩みⅢ』兵庫県社会福祉協議会
G・クラニンガー／ジョン・ロビーン　田代幹安訳（二〇〇七）『スウェーデン・ノーマライゼーションへの道』現代書館
井岡勉監修・牧里毎治／山本隆編（二〇〇八）『住民主体の地域福祉論』法律文化社
塚口伍喜夫・岡部和夫・松澤賢治・ほか編（二〇一〇）『社協再生』中央法規
塚口伍喜夫・明路咲子編（二〇〇六）『地域福祉論説』みらい
三浦展（二〇一三）『データでわかる二〇三〇年の日本』洋泉社
社団法人自由人権協会編（二〇〇五）『アメリカ発グローバル化時代の人権』明石書店
日本社会福祉学会編（二〇〇八）『福祉政策理論の検証と展望』中央法規
仲村優一・一番ケ瀬康子・右田紀久恵監修（二〇〇七）『エンサイクロペデア社会福祉学』中央法規
吉田久一・小川政亮編（一九六〇）『社会保障と社会事業』生活科学調査会
雀部猛利博士退任記念論集編集委員会（一九九一）『共生社会の創造』関西地域福祉研究会
民生委員制度七〇年史編纂委員会（一九八八）『民生委員制度七〇年史』全国社会福祉協議会
カナダソーシャルワーカー協会編・仲村優一監訳（二〇〇三）『ソーシャルワークとグローバリゼーション』相川書房
山口二郎・宮本太郎・坪郷實編（二〇〇五）『ポスト福祉国家とソーシャル・ガヴァナンス』ミネルヴァ書房
斎藤義彦（二〇〇四）『アメリカ　おきざりにされる高齢者福祉』ミネルヴァ書房
社会福祉士養成講座編集委員会（二〇一四）『現代社会と福祉』中央法規

小田兼三・杉本敏夫編（二〇一〇）『社会福祉概論／第二版』勁草書房

蟻塚正克（二〇〇九）『証言　日本の社会福祉一九二〇～二〇〇八』ミネルヴァ書房

右田紀久恵（二〇〇五）『自治型地域福祉の理論』ミネルヴァ書房

井岡勉監修・牧里毎治・山本隆編（二〇〇八）『住民主体の地域福祉論』法律文化社

川崎昌司（二〇〇八）『地方自治法基本解説』法学書院

公益財団法人日本生命財団編（二〇一〇）「第二四回ニッセイ財団シンポジューム（資料）」公益財団法人日本生命財団

厚生省社会・援護局更生課監修（一九九五）『福祉のまちづくり』第一法規

全国社会福祉協議会編（一九八九）『福祉改革』全国社会福祉協議会

全国社会福祉協議会編（一九九〇）『福祉改革Ⅱ』全国社会福祉協議会

小田兼三・杉本敏夫・久田則夫編（一九九九）『エンパワーメント　実践の理論と技法』中央法規

梅原猛・稲盛和夫（二〇〇三）『新しい哲学を語る』ＰＨＰ

吉田和男（一九九八）『地方分権のための地方財政改革』有斐閣

ムハマド・ユヌス著、猪熊弘子訳（二〇〇八）『貧困のない世界を創る』早川書房

筑紫哲也・福岡政行編（一九九八）『これからの日本をどうする』日本経済新聞社

ＮＰＯ法人日本地域福祉研究所編（二〇〇九）『コミュニティソーシャルワーク四』中央法規

日本ソーシャルインクルージョン推進会議編集（二〇〇七）『ソーシャルインクルージョン』中央法規

谷勝英編（一九八九）『国際化時代の福祉問題』八千代出版

浜林正夫（一九七三）『イギリス民主主義思想史』新日本出版社

終章

結語

（一）歴史教育は、先人の遺産を引き継ぐ教育である

本書の序章で社会福祉学や社会福祉の専門家養成に歴史教育が必要であることを強調してきた。そして、第一章では社会福祉の歴史を辿った。その歴史は、外国では、イギリス、アメリカ、スウェーデン、デンマークのそれを辿り、国内では古代から近世までを概括した。第二章では、前章の歴史に登場する先人達の業績を見ることにした。この先人たちをどのように選定したかは編集者の論議に任せた。選定基準は、各分野における業績を見ながら選定したことになるが、今まで表舞台に登場しなかった隠れた先人も取り上げた。業績分野が広い場合はその一部に留まったきらいもあるがご容赦願いたい。また、業績紹介は執筆者によって多少の濃淡がみられるが、これも致し方ないことである。特に、序章で西尾祐吾氏が指摘しているように、業績を深く読み取ることは「読者と先人との対話」であるということである。ここに紹介した先人たちの業績を概括的に紹介したが、その業績の全部を見たことにはならないかもしれない。そこで、読者の皆さんには、これら先人たちの紹介を通して、各先人たちと対話をし、その業績を深く理解する努力をしていただきたい。

鹿島孝一（産経新聞論説委員）は、「日曜に書く」の中で、企業の不祥事に触れて「なぜ歴史に学ばないのか」の一文を載せている。その冒頭で「鉄血宰相と呼ばれたビスマルク（一八一五年～一八九八年）の有名な言葉として『愚者は経験に学び、賢者は歴史に学ぶ』を引用している」のに興味がわく。

今日の社会福祉を理解するには、貧民の救済や遺棄された児童の保護、扶養する者のいない老人の救済等々の歴史を読み解き、それらの救済・保護に挺身した先人たちの努力の結晶が今日の社会福祉の土台になっていることを知り、それら先人の気概と情熱を引き継ぐことは後に続くものの最低限の義務ではなかろうかと考える。

(二)　救済や保護事業の社会背景を理解する

先人たちが貧民の救済や児童の保護育成、扶養する者のいない老人、障害を抱えるがゆえに社会から排除されてきた人たちに救いの手を差し伸べてきたが、そうした状況を生み出した社会的な背景を同時に理解する必要がある。

例えば、世界で最初の救貧法、エリザベス救貧法は一六〇一年に制定された。それまでは貧民の救済は教会や領主に任されていたが、それでは貧民の増加に対処できなくなりこの救貧法が生まれた。一七世紀初頭のイギリスの社会状況はどのようなものであったかを洞察する必要がある。高島進は「一六世紀の浮浪貧民問題は封建領主の支配から逃れより良い労働と生活を求めて浮浪した。さらに、資本主義的な営利本位の生産方法が本格的に芽生えてくる中で、生業を奪われたために浮浪せねばならない貧民が主要なものであった」とイギリスの当時の社会状況を説明している（『社会福祉の歴史』／ミネルヴァ書房・一九九七年）。さらに、セツルメントハウス運動は、一八世紀後半から約一世紀の間に起こった産業革命において富の二極分化が起こり、一部の富めるものと多くの貧民という「二つの世界」の存在が進んだ。そうした社会経済状況が背景にありセツルメントハウス運動が起こった。

また、アメリカの社会福祉の歴史と先人たちの活動を概括するとき、見逃してはならないのは、一八六一年四月から一八六五年四月にかけての南北戦争である。当時、南部諸州は綿花生産を中心とした第一次産業が中心の地域であり、北部諸州はまさに工業生産を興そうと躍起になっていた時期でもあった。そのため、南部は生産した綿花を産業革命を終えたイギリスへ輸出したいと自由貿易を望んでいたし、北部は生産した工業製品を自国で消費するため、他国からの工業製品輸入を制限したい保護貿易を強く望んでいた。いわば、南北戦争は自由貿易か保護貿易かの争いであったともいえる。同時に南部諸州はその労働力をアフリカからの奴隷に依存していたこともあり、北部のリンカーン大統領は「奴隷解放」を戦いのスローガンにもしていた。

アメリカにおける社会福祉の歴史を見るとき、そのほとんどは北部諸州で起こったものであり、南部に波及することは少なかった。ということは、アメリカの貧民救済の活動やセツルメントハウス運動、ＣＯＳ運動などは北部での運動や活動であり、その対象は白人（white）であり黒人や有色人種は多くの場合救済の対象外であった。

南北戦争で「奴隷解放」を掲げた北部が勝利したからと言って、直ちに人種差別が無くなったわけではなく、今日に至るもいろいろな場面で黒人差別の事象を見ることができる。筆者がはじめてアメリカを旅行した一九六一年、ルイジアナ州のニューオーリンズ市の公園の公衆便所は、その入り口が「white」と「collar」に区別されていたのに驚いた記憶がある。

もう一つ、アメリカの慈善事業以降の動きを見るとき、メアリー・リッチモンドが友愛訪問員制度を発表したとき、友愛訪問員は「忍耐強い、根気良い、誠実なる友人」として「最も強い人格的影響力によって」貧者に「勤勉と自制の習慣」を教えていくことが必要である、とし「物的施与によって階級間の弊害を正すなどと望んではならない」ことを強調した。

また、ハリー・ホプキンス（Harry Lloyd Hopkins 1890～1946）は、貧者に「施しを与えれば、彼の肉体を救うが精神を滅ぼしてしまう。彼に仕事を与えきちんとした賃金を支払えば、肉体だけでなく精神も救うことになる」といったこの救済観は、今日のアメリカの社会福祉観でもある。アメリカでは、原則、社会保障や社会福祉に連邦政府や地方行政機関がお金をかけることはせず、その多くは慈善団体等の民間の救済に委ねてきたきらいがある。

「お金をかけない救済」の延長線上に援助技術の発達がある、と見ることは飛躍であろうか。アメリカでケースワークやグループワーク、コミュニティオーガニゼーションをはじめとした援助技術が生まれ発達してきた。

特に、一九二九年の世界大不況以降、一九三〇年代（ニューディール政策遂行の時期）のアメリカはソーシャルワーク（技術）が一段と発達した時期ではなかったかと推測する。即ち、経済的、知的、道徳的に自立できぬ人々、不況期、社会の急激な変化の時期に常に依存状態にある多くの人々を経済的、社会的環境へ適合させる役割をソーシャルワーカーは担ったし、そのための「援助」技術も発展させてきた。

その援助技術が日本に輸入され独自の発展を遂げた。とりわけ、コミュニティオーガニゼーションはイギリスのシーボーム報告などの影響を受けコミュニティワークへと展開するようになり、さらには、地域での自立困難者を地域で包摂していくソーシャルインクルージョンへと発展していく。歩調を合わせて、コミュニテイワークは地域の自立困難者（マイノリティ）援助へと視点を移す必要を説く「コミュニティソーシャルワーク」を提唱する研究者も現れた。

コミュニティオーガニゼーションが独自の発展を遂げた背景には、全国社会福祉協議会が一九六二年に策定した社会福祉協議会基本要項がある。一九五一年に発足した社会福祉協議会は旧社会事業団体（社会事業協会、同胞援護会、民生委員連盟）の糾合的性格を持ちながらも、その一方で、アメリカのコミュニティオーガニゼーション論の影響を強く受けた。そうした経過をたどる中で、アメリカやイギリスの概念から外れた地域福祉という独自の概念を創設したことではなかろうか。全国都道府県・市町村社会福祉協議会の地域福祉活動の集積を受けて、二〇〇〇年に公布・施行された社会福祉法で初めて地域福祉が法定化された。ここでは、一九六二年の社会福祉協議会基本要項で提起した「地域福祉計画（又は、地域福祉活動計画）」とその実践が評価され、行政計画としてではあるが、市町村が地域福祉計画を策定することを奨励することにつながったといえる。

いずれにしても、歴史の表に現れた事象は、その背景に見え隠れする経済的、社会的、政治的必然性から生起していることを鋭く嗅ぎ取る嗅覚が必要ではなかろうか。

(三) 先人個々人の信念と業績を読み解く

第二章に紹介するイギリス、アメリカの先人たちは、その時々の政治的社会的状況に翻弄されながらも、自らの強い信念に基づいて活動を貫いた。ここで私たちが噛み締めなくてはならないのは、先人たちの揺ぎ無い信念である。そしてその根底にあるのは「恵まれない人々」に対する熱い思いではなかろうか。

社会福祉に携わるもの、社会福祉を研究するものは、社会的に恵まれず自立困難に陥っている人々にどのような貢献ができているのかを自らの立ち位置から改めて問い直してみることが大切なのではないかと考える。

社会福祉事業を「営利」の側面からとらえようとする事業者、それに追随する従事者、中央官庁が提示してくる「指針」や「施策」をオーソライズすることで役割を果たしていると勘違いしている研究者などが余りに多すぎるのではないか、と危惧するのは筆者だけだろうか。先人の業績とそれを支えた強い信念、これを学ぶことが歴史を学ぶもう一つの大きな意義である。

社会福祉専門職の養成カリキュラムから「社会福祉の歴史」が消された意味は何なのか、そのことに同意した社会福祉士養成校連盟は、単なる「職人」を養成することで事足りると判断したのか、改めて問いたい。生きることに困難を抱えながらも必死に頑張っている人々に寄り添い、それらの人々と生きる喜びを共有するためには、社会福祉の仕事や研究に強い信念をもってあたる専門家が増えることが、日本の社会福祉を着実に前進させる確かな力となるであろう、と信じる。

先人たちの業績を見るとき、もう一つの大切な視点は、それらの業績は、その当時の社会からは必ずしも評価されなかったともいえる事象が伺える。それでも、自らの信念を曲げることなく貫いたことが、今の時点で大きく評価されているともいえる。これは何を意味するのか、先人たちが突き進んだ活動や事業起こしは、当時の社会常識からはかけ離れたものであったかもしれないが、そこには、保護や救済を求める貧民或いは細民と呼ばれた「声なき多くの

民」がいて、それらの人々に応えようとした信念からではないかと思える

（四）戦後日本の社会福祉を動かした理論と思想

問題を抱えた個々人を支援しエンパワーメントを促す援助技術（ケースワーク、グループワーク）及び、地域住民自らが地域の社会問題（福祉問題）を顕在化させ、その解決に向けて組織的に活動を進めようとする地域組織化活動（コミュニティ・オーガニゼーション）理論はどのようにして日本に導入されたのか、そしてそれら援助技術が日本社会という土壌の中でどのように発達したのかをみることは、ソーシャルワーカーにとって必要なことではないかと思慮する。なぜなら、これら援助技術は日本の文化、地域の風土、地域で長きにわたって根付いてきた相互扶助の仕組み（「講」など）とどのように融合しながら発達してきたのかを学ぶことで、さらに、日本的に発展させる方向を極めることに通じるのではないかと考えるからである。

第三章で、社会福祉を取り巻く思想風潮を取り上げてみた。とりわけ、新自由主義、福祉多元主義、グローバリズムやローカルティなどの思想（thought）は何を動機としているかである。例えば、新自由主義は、大きくはグローバリズム、ローカリティ思想などを包括しながら、規制されず自由な経済活動を円滑に進めるために国民意識を「地均し」するための「啓蒙思想」ということすらできよう。これらの思想は、近代的装いを設えながら、国民の生存権、幸福追求権を可能な限り保障せねばならない国家責任（国家の国民に対する義務）を軽減し、アメリカ的「自助責任論」を国民に押し付ける役割を担った「思想」ではなかろうかと考える。

この自助責任論は、メアリー・リッチモンドが友愛訪問員制度を提唱した当初は、社会改良的な視点を強く持っていたが、当時の政治が保守的色彩を強めてきたことと歩調を合わせて、それが徐々に貧民に陥る要因は「貧民個人の社会的な不適応」ではないかという視点を強めていくようになり、心理学、精神医学に力点を移し、個人責任論を強

めていく下地の一つになった。

社会福祉の歴史を見てくると、国民が生きること、自らの生活水準を高めることは国民個々人の自己責任であり、国家が国民の生存権を保障するための諸施策は最低限に抑えないと「惰民」を養成することになる、とみる為政者の頑迷な思想は今日もなお引き継がれている。

「歴史との対話」、副題として「現代福祉の源流を探る」は、以上のような意図をもって編纂したものである。多忙な中、執筆いただいた諸氏に感謝し、編集にご苦労をいただいた編者の方々にお礼を申し上げたい。

編集後記

本書「歴史との対話―福祉の源流を探る―」の企画が進み、これからの福祉を担う若手に執筆を依頼することになりました。企画から本になるまでに三年の時間がかかってしまい内容が古くなってしまっているところがあるかもしれません。また、筆者の方々にもご迷惑をおかけし、編集者として努力が足りなかったと反省しております。

本書では、改めて歴史から学ぶことの大切さを大きなテーマにまとめました。福祉に携わる者は、時代背景や習慣、政治、地域性など様々なことを理解した上で、目の前の人の生きてきた歴史を大切にし、尊厳ある生活を考えなければなりません。先人は、時代や生活していた人々によって突き動かされ、できる精一杯のことを積み上げて来られました。先人が作り上げたものは、時代と共に形を変えながら脈々と受け継がれていると感じます。

私たちは、先人たちのように目の前の人と向き合えているのか？　と常に問いながら、新たな福祉ニーズに対応していかなければなりません。そして今を生きる私たちもまた、次の時代につないでいくための道しるべとなれば幸いだと思います。

最後に出版に際してご尽力いただいた大学教育出版の佐藤さん、社さんに厚くお礼申し上げます。

編集者　川崎　順子
辻尾　朋子
荻田　藍子

執筆者一覧

監修（執筆も含む）　西尾　祐吾（大阪地域福祉サービス研究所所長・元大学院教授）
担当章　序章

監修（同上）　塚口伍喜夫（社会福祉法人ささゆり会理事長・元大学院教授）
担当章　第一章一、第三章、終章

編著者　川崎　順子（九州保健福祉大学 准教授）
担当章　第二章一　石井十次、小橋勝之助、野口幽香、留岡幸助、石井亮一、石井筆子

同　辻尾　朋子（流通科学大学 社会福祉実習助手）
担当章　第二章一　賀川豊彦、志賀志那人、片山潜

同　荻田　藍子（兵庫県社会福祉協議会 社会福祉研修所研修第1部 副部長）
担当章　第二章一　間人たね子、神谷美恵子
第二章二　メアリー・リッチモンド、ジェーン・アダムズ

執筆者　植田　智（社会福祉法人ささゆり会 特別養護老人ホーム サンライフ御立 生活相談員）
担当章　第二章一　寺島信恵、岩田民次郎

同　清原　舞（関西福祉科学大学 助教）
担当章　第一章二（三）スウェーデン、（四）デンマーク

同　國本　美子（社会福祉法人千種会 メディカルケアハウス甲南山手 介護職員）
担当章　第二章一　林歌子、城ノブ

同　酒井　美和（立正大学　助教）
担当章　第二章二　オクタヴィア・ヒル、ウェッブ夫妻、アーノルド・トインビー&バーネット夫妻

同　田中　秀和（立正大学　助教）
担当章　第二章一　笠井信一、林市蔵、田村新吉、中村三徳

同　種村理太郎（関西福祉科学大学　助教）
担当章　第二章二　トマス・チャルマーズ

同　日田　剛（九州保健福祉大学　助教）
担当章　第一章二（一）イギリス、（二）アメリカ
第二章一　渋沢栄一、小河滋次郎、大原孫三郎、糸賀一雄

同　丸目　満弓（子育て支援ソーシャルワーク研究所　代表）
担当章　第二章二　トーマス・ギルバート、ベンジャミン・シーボーム・ラウントリー、トーマス・ジョン・バーナード、フローレンス・ナイチンゲール

同　三浦　修（社会福祉法人東京愛成会本部事務　局長）
担当章　第二章一　佐藤信淵、佐々木五三郎

■監修・著者紹介

西尾　祐吾　（にしお　ゆうご）

現職　大阪地域福祉サービス研究所 所長

略歴　大阪市内福祉事務所長を歴任 福井県立大学教授 九州保健福祉大学教授を経て、現職

塚口　伍喜夫　（つかぐち　いきお）

現職　社会福祉法人 ささゆり会 理事長 NPO 法人福祉サービス経営調査会顧問

略歴　兵庫県社会福祉協議会事務局長 九州保健福祉大学社会福祉学部教授、流通科学大学 サービス産業学部教授を経て、現職

■編著者

川崎　順子　（かわさき　よしこ）

現職　九州保健福祉大学 社会福祉学部 スポーツ健康福祉学科 准教授

略歴　1983 年 4 月宮崎県東臼杵郡門川町役場・門川町社会福祉協議会を経て、2004 年度より現職

辻尾　朋子　（つじお　ともこ）

現職　流通科学大学 社会福祉実習助手

略歴　2004 年 4 月社会福祉法人六甲福祉会特別老人ホーム職員を経て、2009 年より現職

荻田　藍子　（おぎた　あいこ）

現職　兵庫県社会福祉協議会 社会福祉研修所 研修第 1 部副部長

略歴　1999 年 4 月兵庫県社会福祉協議会に入局、2014 年度より現職

歴史との対話

— 現代福祉の源流を探る —

2018 年 1 月 20 日　初版第 1 刷発行

■監修・著者――西尾祐吾・塚口伍喜夫
■発　行　者――佐藤　守
■発　行　所――株式会社 大学教育出版
〒 700-0953　岡山市南区西市 855-4
電話（086）244-1268　FAX（086）246-0294
■印刷製本――モリモト印刷 ㈱

ISBN978－4－86429－486－7